Droste-Hülshoff | Die Judenbuche

Lektüreschlüssel XL

für Schülerinnen und Schüler

Annette von Droste-Hülshoff

Die Judenbuche

Von Bernd Völkl

Reclam

Dieser Lektüreschlüssel bezieht sich auf folgende Textausgabe:
Annette von Droste-Hülshoff: *Die Judenbuche.* Hrsg. von Yomb May. Stuttgart: Reclam, 2016 [u. ö.]. (Reclam XL. Text und Kontext, 19162.)
Diese Ausgabe des Werktextes ist seiten- und zeilengleich mit der in Reclams Universal-Bibliothek Nr. 1858.

E-Book-Ausgaben finden Sie auf unserer Website
unter www.reclam.de/e-book

Lektüreschlüssel XL | Nr. 15481
2018 Philipp Reclam jun. GmbH & Co. KG,
Siemensstraße 32, 71254 Ditzingen
Druck und Bindung: Canon Deutschland Business Services GmbH,
Siemensstraße 32, 71254 Ditzingen
Printed in Germany 2018

ISBN 978-3-15-015481-6

Auch als E-Book erhältlich

www.reclam.de

Inhalt

1. Schnelleinstieg

Autorin	Annette von Droste-Hülshoff (1797–1848), Dichterin und Komponistin
Entstehung und Veröffentlichung	• etwa 1820 erste Notizen zur Judenbuche • 1829 Arbeit am ersten Teil • 1838 Notizen zum zweiten Teil • 1842 Judenbuche erscheint in Fortsetzungen im *Stuttgarter Morgenblatt* von Cotta
Gattung	Novelle
Epoche	Biedermeier
Ort und Zeit der Handlung	Westfalen im 18. Jahrhundert

Unbestrittene Bedeutung der Droste

Die »Droste« wurde wiederholt und unbestritten als die bedeutendste deutschsprachige Dichterin des 19. Jahrhunderts bezeichnet.

Das Lob gilt gleichermaßen ihren realistischen Balladen, ihren beeindruckenden Naturgedichten und ihrer geistlichen Lyrik, die in ihrer Ausdruckskraft sehr vieles von dem übertreffen, was von ihren Zeitgenossen geschrieben wurde, ob man sie nun den Klassik-Nachfolgern, der Romantik oder dem Biedermeier zurechnet. Viele machten ihre Verehrung und Wertschätzung deutlich, so auch die Dichterin Sarah Kirsch, sie schrieb 1973 in einem Gedicht: »Der Droste würde ich gerne Wasser reichen« und zählt dann auf, was sie alles gerne mit ihr gemeinsam machen würde.

Die Texte ihres Gedichtzyklus *Das geistliche Jahr* zeigen, wie sehr Annette von Droste-Hülshoff im christlichen Glauben verankert ist. Trotz ihrer inneren Kämpfe bleibt sie zeitlebens eine überzeugte katholische Christin, die auch ihre Kirche bewusst bejahte.

Obwohl die Droste in erster Linie Lyrikerin war, ist ihr Name für viele mit einer epischen Dichtung, der *Judenbuche*, verbunden. Dieses Werk beruht auf einer wahren Begebenheit, die Annette von Droste-Hülshoff seit ihrer Kindheit vertraut war. Die novellenhafte Erzählung *Die Judenbuche* wurde auf lange Sicht zu einem großen Erfolg. Der Nachruhm der Dichterin beruht vor allem auf dieser Geschichte. Dass ihr Porträt in Deutschland jahrelang den 20-Mark-Schein zieren durfte, verdankt sie nicht ihren Gedichten und anderen Werken, sondern vor allem der *Judenbuche*, wie die Rückseite des Geldscheins auch deutlich macht. Hinter der Schreibfeder ist dort nämlich eine Buche zu sehen. Die Vorderseite zeigt ein Porträt der Dichterin und historische Gebäude der Stadt Meersburg, wo sie lange lebte. Der Lorbeerzweig ist als Hinweise auf ihren dichterischen Ruhm zu verstehen.

■ *Judenbuche* auf dem 20-Mark-Schein

■ Bedeutung der Droste im heutigen Kulturleben

Die Bedeutung der Dichterin kann man u. a. daran ablesen, dass es eine recht aktive Droste-Gesellschaft gibt, die in unregelmäßigen Abständen ein Jahrbuch herausgibt. Das Bild der Droste war nicht nur auf einem Geldschein abgebildet, sondern war auch zweimal in

Abb. 1: 20-Mark-Schein mit Portrait von Droste-Hülshoff

Briefmarkenserien der Deutschen Bundespost zu sehen. Die Stadt Meersburg vergibt etwa alle drei Jahre einen Droste-Preis, der ausschließlich an deutschsprachige Autorinnen im Rahmen der Meersburger Droste-Literaturtage verliehen wird. Daneben gibt es noch den Annette-von-Droste-Hülshoff-Preis, mit dem auch etwa alle drei Jahre vom Landschaftsverband Westfalen-Lippe Autoren gewürdigt werden. Mehrere Schulen und auch sogar ein Asteroid sind nach ihr benannt.

Wirkung der Dichterin auch außerhalb der deutschen Sprachgrenzen

Annette von Droste-Hülshoff ist auch über die deutschen Sprachgrenzen hinaus bekannt, weil ihre Werke in andere Sprachen übersetzt wurden. Im Jahrbuch 1991–96 der Droste-Gesellschaft konnte Zhang Yushu in einem Beitrag mit dem Titel *Annette von Droste-Hülshoff nun in China* sogar berichten, dass ein Band mit ins Chinesische übersetzten Gedichten der Droste veröffentlicht worden ist.

2. Inhaltsangabe

Die Handlung spielt im 18. Jahrhundert in einer abgelegenen, ländlichen Gegend in Westfalen. Die erzählte Zeit entspricht der Lebensdauer der Hauptfigur Friedrich Mergel, am Anfang wird sein Geburtsjahr 1738 genannt. Am Ende wird als Todeszeitpunkt September 1788 angegeben.

Die Novelle spielt in dem abseits gelegenen, aber waldreichen westfälischen Dorf B., wo Holz- und Jagdfrevel nur als Kavaliersdelikt gelten. Dadurch entsteht eine Verwirrung des Rechtsgefühls, weil das Gewohnheitsrecht sowie die öffentliche Meinung einerseits und das offizielle Recht andererseits einander entgegenstehen.

Ort der Handlung

In diesem Dorf B. wird 1738 Friedrich Mergel geboren. Er ist der einzige Sohn eines Halbmeiers, eines Bauern, der verpflichtet ist, an seinen Grundherrn einen Zins abzuführen. Friedrichs Vater hatte nach einer missglückten ersten kinderlosen Ehe die frühere Dorfschönheit Margreth geheiratet. Diese Verbindung kann seinen Abstieg zum verkommenen Säufer allerdings nur kurzzeitig aufhalten. Mergels sozialer Niedergang hat zur Folge, dass auch Margreth immer mehr herunterkommt und der Hof zusehends verfällt. Friedrich wächst deshalb in Armut und als Außenseiter auf, was sich noch verstärkt, als sein Vater im Brederholz tot aufgefunden wird und im Bewusstsein des Dorfes zu einer Spukgestalt wird.

Kindheit Friedrich Mergels

Die Beschreibung von Friedrich Mergels Kindheit

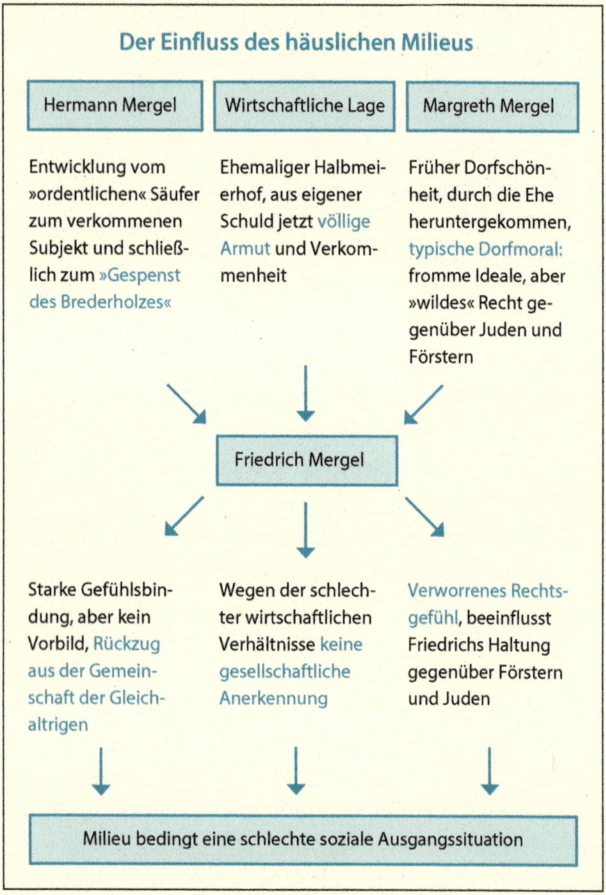

Abb. 2: *Die Judenbuche* als Milieustudie

erklärt also, warum er zum sozialen Außenseiter wird: Der Vater, zu dem er eine starke Gefühlsbindung hatte, wird im Dorf verachtet. Auch finanziell ist er schlechter gestellt als seine Altersgenossen. Es gibt nur zwei Personengruppen, die in der Dorfgemeinschaft noch schlechter angesehen sind: Juden und Förster.

Einfluss des Onkels Simon Semmler

Als Friedrich zwölf Jahre alt ist, kommt Margreths jüngerer Bruder, Simon Semmler, zu Besuch, um sich des Jungen anzunehmen und ihm Arbeit zu geben. Die Art, wie er von der Dichterin beschrieben wird, weckt unheimliche, fast diabolische Assoziationen. Simons Motive sind auch alles andere als uneigennützig. Die Dichterin lässt durchblicken, dass Semmler der Chef der »Blaukittel« (S. 22), einer berüchtigten Bande von Holzdieben, ist. Als Hirtenjunge eignet Friedrich sich hervorragend zum Kundschafter für die Raubzüge der Bande. Der Kontakt zum Onkel verändert sein Leben. Er wird zu Semmlers rechter Hand, hat von nun an Geld, achtet nun sehr auf sein Äußeres und entwickelt sich zum »Dorfelegant« (S. 22). Bald steht Friedrich sogar an der Spitze des jungen Volkes im Dorfe. Sein ständiger Begleiter wird Johannes Niemand, der für Simon als Schweinehirt arbeitet und wahrscheinlich sein unehelicher Sohn ist. Die große Ähnlichkeit zu Friedrich erschüttert Margreth, die die beiden Jungen bei der ersten Begegnung sogar miteinander verwechselt. Sie ist davon überzeugt, dass Simon die Vaterschaft durch einen Meineid abgestritten hat (»Ein falscher Eid, ein falscher Eid«, S. 19 f).

Bei einem ihrer vielen Versuche, die »Blaukittel« (S. 22) zu ergreifen, stoßen die Förster auf Friedrich Mergel, der seine Tiere hütet. Als Friedrich die Gruppe bemerkt, warnt er die Blaukittel durch einen langen, lauten Pfiff, der angeblich seinem Hund gegolten hat. Dies ruft den Zorn des Försters Brandis hervor, der den Grund des Pfiffs ahnt, die anderen Förster vorausschickt und Friedrich dann beleidigt und in seiner Ehre verletzt. Aus Ärger darüber schickt dieser ihn bewusst auf den falschen Weg und damit in die Hände der gewalttätigen Blaukittel. Ihm ist wohl klar, dass er den Förster damit dem Tod ausliefert. Dennoch nimmt ihn der Mord an Brandis persönlich so stark mit, dass er sogar krank wird (»O mein Leib, mein Kopf!«, S. 29). Bei der bald folgenden Gerichtsverhandlung tritt Friedrich aber wieder sicher auf. Er gibt nur zu, was ohnehin bereits bekannt ist. Über die Herkunft einer Axt, der Mordwaffe, weiß er angeblich nichts, obwohl ihm ein »ausgebrochener Splitter« (S. 32) endgültig klar macht, dass sein Onkel der Mörder sein muss. Am nächsten Sonntag will Friedrich zur Beichte gehen, weil er unter seiner schweren Schuld leidet (»Ich habe schwere Schuld, […] dass ich ihn den unrecht Weg geschickt«, (S. 34). Er lässt sich aber von Simon wieder davon abbringen, der ihn unter Druck setzt, kein Zeugnis gegen seinen nächsten abzulegen.

■ Mord am Förster Brandis

Der Mord bleibt unaufgeklärt, die Holzfrevler lassen sich seitdem nicht wieder blicken.

■ Dorfhochzeit als Wendepunkt

Vier Jahre später findet eine Dorfhochzeit statt.

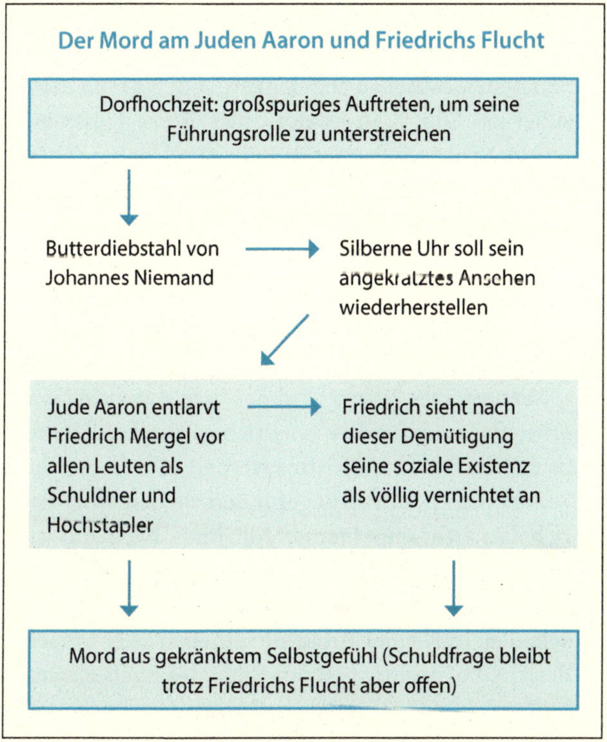

Abb. 3: Die Dorfhochzeit als Wendepunkt der Novelle

Friedrich, dessen Charakter sich immer stärker zum Schlechten verändert, tritt dabei recht bestimmend und großspurig auf. Er will seine Führungsrolle in der Dorfjugend unterstreichen. Als sein ständiger Begleiter Johannes Niemand als Butterdieb entlarvt wird, fühlt sich Friedrich in seiner Würde verletzt und beschimpft Johannes als »Lumpenhund!« (S. 38). Um von dem Geschehen abzulenken, protzt er mit seiner silbernen Uhr. Sein Widersacher Wilm Hülsmeyer mutmaßt, dass Johannes die Uhr gar nicht bezahlt haben könnte. Tatsächlich wird Johannes kurz darauf von dem Juden Aaron öffentlich gemahnt, die 10 Taler für diese Uhr endlich zu bezahlen. Friedrich sieht sich dem öffentlichen Gelächter ausgesetzt und erneut gedemütigt. Er verlässt, im Innersten getroffen, die Hochzeit.

■ Mord am Juden Aaron und Friedrichs Flucht

Wenige Tage später wird der Jude Aaron im Wald ermordet aufgefunden. Friedrich gerät schnell in Verdacht, doch als er verhaftet werden soll, ist er schon geflohen und kann nicht gefunden werden. Mit Friedrich ist auch sein Freund Johannes Niemand verschwunden. Die Juden der Gegend kaufen bald darauf die Buche, unter der der Mord geschehen ist, und versehen sie mit einer Inschrift in hebräischer Sprache, deren Übersetzung erst am Ende des Buches mitgeteilt wird: »Wenn du dich diesem Orte nahest, so wird es dir ergehen, wie du mir getan hast« (S. 58). Etwa ein halbes Jahr nach dem Mord sagt im Gefängnis ein Mitglied einer Bande aus, er bereue von seinen Untaten vor allem den Mord an einem jüdischen Glaubensgenossen namens Aaron, den er im Walde erschlagen habe. Seitdem gilt es im Ort als zweifelhaft, ob Friedrich den Juden wirklich umgebracht hat.

■ Rückkehr Friedrichs nach 28 Jahren

Nach 28 Jahren kehrt Johannes Niemand als abgearbeiteter und gebrechlicher Greis aus türkischer Skla-

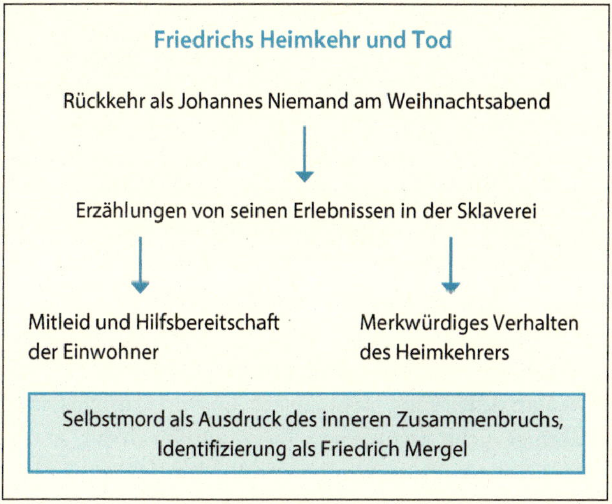

Abb. 4: Der Ausgang der Novelle

verei in das Heimatdorf zurück. Die Gutsherrschaft nimmt sich seiner an und sorgt für eine Unterkunft und für seinen Lebensunterhalt. Der Heimgekehrte erfährt, dass Simon völlig verarmt und Margreth in geistiger Dumpfheit schon vor langer Zeit gestorben sind. Er reagiert überrascht, als ihm gesagt wird, dass Friedrich den Mord am Juden Aaron vermutlich gar nicht begangen habe und ihre gemeinsame Flucht eigentlich unnötig gewesen sei. Nachdenklich sagt er: »Also ganz umsonst [...] ganz umsonst so viel ausgestanden!« (S. 50). Dann erzählt er von seiner und Friedrichs Flucht und von ihren Erlebnissen. Die beiden hatten sich, als sie in Sicherheit waren, zunächst als wanderende Handwerksburschen ausgegeben und sich dann von den Österreichern als Soldaten anwerben lassen, die im Türkenkrieg eingesetzt werden sollten. Der Heimgekehrte wurde dann bei seinem ersten Kriegseinsatz gefangen genommen und musste 24 Jahre lang ein hartes Leben als Arbeitssklave führen, bis er unter schwierigsten Umständen wieder nach Europa zurückkehren konnte.

Johannes Niemand übernimmt nun für den Grundherrn kleine Aufträge, kommt aber eines Tages von einem Botengang nicht zurück. Es wird erfolglos nach ihm gesucht, erst nach 14 Tagen wird er in den Ästen der Judenbuche erhängt aufgefunden. Als man ihm die Halsbinde löst, erkennt ihn der Gutsherr an einer Narbe als Friedrich Mergel. Durch die Enthüllung des Inhalts der Schrift an dem Baum wird nun klar, dass Friedrich Mergel doch der Mörder Aarons war und dass er, an den Ort der Tat zurückgekehrt, die gerechte Strafe für sein Tun gefunden hat. Die vier silbernen Westenknöpfe, die der Gutsherr in seinem Kämmerchen findet, waren also kein »Andenken von Mergel« (S. 56), sondern seine eigene Knöpfe und zugleich das letzte, was Friedrich in der Sklaverei von seinem alten Leben geblieben ist. Friedrichs Leiche wird auf dem Schindanger verscharrt.

■ Selbstmord als Sühne

3. Figuren

Das Dorf B. und seine Einwohner

Situation des Dorfes		Verhalten der Menschen
Unzulängliche Gesetze	→	Verwirrung des Rechtsgefühls
Isolierte Lage (kein Handel, keine Heerstraßen)	→	Originalität und Beschränktheit der starrsinnigen Einwohner
Wald ist der Hauptreichtum der idyllischen Gegend	→	Holz- und Jagdfrevel
Zahlreiche Förster	→	Gewalt und List auf beiden Seiten
Nähe zum Fluss	→	Kühnheit der Holzfällerbanden wird gefördert

- Herausbildung eines »zweiten« Rechts (der Gewohnheit und der öffentlichen Meinung)
- Letzte Instanz sind das Gewissen und die Verantwortung des Einzelnen

Abb. 5: Zusammenhang zwischen Handlungsort und Verhalten der Figuren

Alle Figuren der Erzählung sind in irgendeiner Form Teil der Dorfgemeinschaft. Die besondere Lage des Dorfes bestimmt das Denken und Verhalten der Bewohner.

Vor dem Hintergrund dieses Wertesystems, dieser Verhaltensregeln, der besonderen örtlichen Gegebenheiten und Gruppenidentität sind auch die Figuren zu verstehen, die in der Geschichte eine wichtige Rolle spielen.

Hauptfiguren

Außenseiter in der Dorfgemeinschaft

Friedrich Mergel: Friedrich Mergel wächst in schwierigen familiären und sozialen Verhältnissen auf und entwickelt sich in der Dorfgemeinschaft zum Außenseiter. Wesentlichen Anteil daran hat der Tod seines Vaters im Brederholz. Er wird zum »Gespenst des Brederholzes« (S. 11), wodurch sich Friedrich immer wieder dem Gespött der Spielkameraden ausgesetzt sieht.

Als er dann in den Dienst von Simon Semmler tritt, gibt ihm das die Chance, seine Außenseiterrolle zu verlassen. Von nun an werden ungebändigter Ehrgeiz und Hang zum Großtun seine wichtigsten Handlungsmotive, wie der Erzähler herausstellt. Er war nur noch selten bei der Mutter, sondern wurde zur rechten Hand Simons: »Der Knabe war seitdem wie verwandelt, das träumerische Wesen gänzlich von ihm gewichen, er trat fest auf, fing an, sein Äußeres zu beachten und bald in den Ruf eines hübschen, gewand-

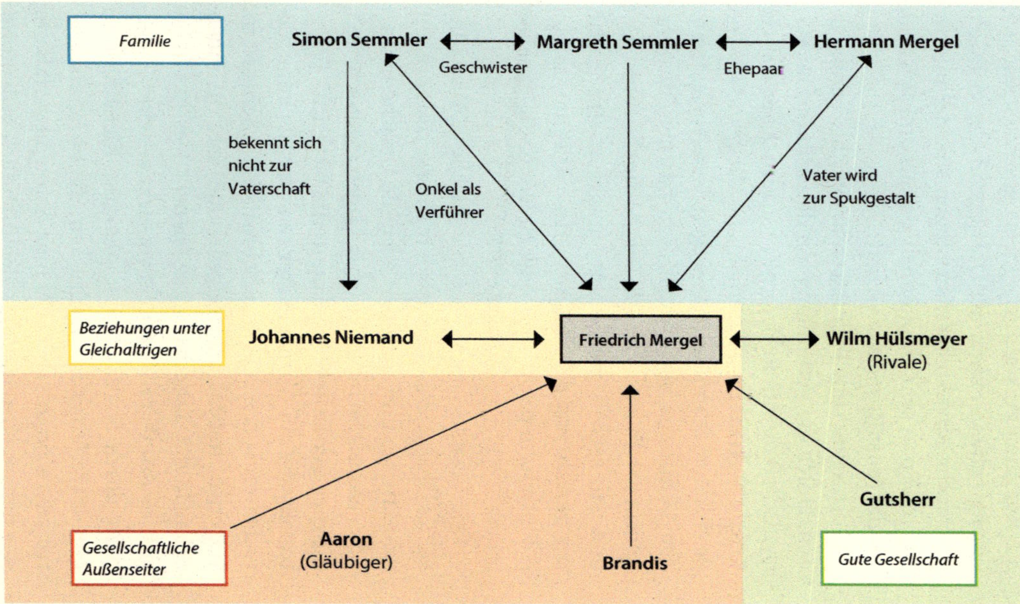

Abb. 6: Figurenkonstellation

Suche nach Anerkennung

ten Burschen zu kommen« (S. 21). Er entwickelt sich sogar zu einem Führer der Dorfjugend, der viel Geld verbraucht, um sich herauszuputzen, und der auf jede Art von Spott sehr empfindlich reagiert und sich auch mit der Faust Respekt verschafft.

Verstrickung in das Böse

Doch seine neue Position steht auf unsicheren Füßen. Durch die Verbindung mit den kriminellen Machenschaften Simon Semmlers verstrickt er sich in Schuld. So trifft ihn eine erhebliche Mitschuld am Tod des Försters Brandis, den er wegen dessen beleidigenden Verhaltens bewusst auf den falschen Weg geschickt hat. Er ist sich dieser Schuld durchaus bewusst und will deshalb zur Beichte, unterliegt aber erneut der Verführung durch Simon, der »Alles tat, seinen Adoptivsohn dieselben Wege zu leiten, die er selber ging« (S. 35).

Der Erzähler sieht diese »unglückliche Wendung seines Charakters«, »das Werk mehrerer Jahre« (S. 35), sehr kritisch und analysiert auch die Ursachen dieser Entwicklung: »Und in Friedrich lagen Eigenschaften, die dies nur zu sehr erleichterten: Leichtsinn, Erregbarkeit und vor Allem ein grenzenloser Hochmut, der nicht immer den Schein verschmähte […] Seine Natur war nicht unedel, aber er gewöhnte sich, die innere Schande der äußern vorzuziehen […] er gewöhnte sich zu prunken« (S. 35). So versucht er seine Umgebung durch Statussymbole wie gute Kleidung oder eine teure Uhr zu beeindrucken, die nicht solide finanziert sind. Als dann der Jude Aaron die Bezahlung der Uhr verlangt, sieht er sich öffentlich gedemütigt

Öffentliche Demütigung macht Friedrich zum Mörder

und in seinem Ansehen und damit in seiner sozialen Existenz vernichtet. Deshalb bringt er den Juden Aaron um, was ihm endgültig die Möglichkeit nimmt, in der Dorfgemeinschaft einen angemessenen Platz zu finden. Um der Strafverfolgung zu entgehen, muss er fliehen. Doch es treibt ihn nach vielen Jahren an den Ort des Verbrechens zurück, wo er sich erhängt.

Hermann Mergel: Seine erste Frau hat es mit ihm nicht ausgehalten und läuft ihm schon kurz nach der Hochzeit schreiend davon. Über diesen öffentlichen Skandal versucht Mergel mit Alkohol hinwegzukommen. Er ist in dieser Zeit nach Meinung des Dorfes noch ein »sogenannter ordentlicher Säufer« (S. 6), d. h. jemand, der sich nur an Sonn- und Feiertagen hemmungslos betrinkt. Er verkommt dann aber immer mehr und wird bald zu »den gänzlich verkommenen Subjekten« (S. 6) gezählt. Sein Anwesen verfällt.

Vom ordentlichen Säufer zur Spukgestalt

Seine Heirat mit der früheren Dorfschönheit Margreth Semmler kann diesen sozialen Abstieg nur kurzzeitig aufhalten. Anfangs kommt er nicht nach Hause oder kriecht in die Scheune, wenn er zu viel getrunken hat, aber bald taumelt er betrunken ins Haus, wo er dann randaliert und auch gegenüber seiner Frau gewalttätig wird.

Die Geburt des Sohnes lässt ihn ein wenig ordentlicher werden, denn er liebt seinen Sohn sehr und bringt ihm immer etwas mit, wenn er nach Hause kommt (S. 7). Er bleibt aber letztlich doch ein verkommener Säufer. Sein Tod im Brederholz, als er in einer stürmischen Winternacht betrunken von einer Hochzeit nach Hause läuft, lässt ihn im Gedächtnis des Dorfes als Spukerscheinung weiterleben.

■ Niedergang der Dorfschönheit

Margreth Semmler: Zur Überraschung für die anderen Dorfbewohner heiratet die frühere Dorfschönheit Hermann Mergel. Sie hat inzwischen das Alter von vierzig Jahren überschritten, ist nicht unvermögend und gilt im Dorf als klug. Nach kurzer Zeit wird klar, dass sie ihren Einfluss auf Hermann Mergel überschätzt hat. Obwohl sie vor ihrer Hochzeit selbstbewusst verkündet hat: »Eine Frau, die von ihrem Manne übel behandelt wird, ist dumm oder taugt nicht« (S. 7), kann sie den Niedergang Mergels nicht aufhalten und muss sogar erleben, dass er im Suff ihr gegenüber gewalttätig wird. Dies hat schließlich zur Folge, dass auch sie und ihre Wirtschaft immer mehr verkommen. Wie sehr sie ihren Mann bald ablehnt, zeigt die erste Reaktion, als in der Sturmnacht an den Fensterladen gepocht wird und mehrere Stimmen sie zum Öffnen auffordern: »Da bringen sie mir das Schwein wieder!« (S. 9).

Margreth kann auch nicht verhindern, dass ihr nun vaterloser Sohn Friedrich auf Abwege gerät. Darunter leidet sie, muss aber der Entwicklung machtlos zusehen und erklärt seufzend, »wenn die Kinder klein sind, treten sie uns in den Schoß, und wenn sie groß sind, ins Herz!« (S. 30).

Anfangs ist sie froh, dass ihr jüngerer Bruder Simon sich seiner annimmt, wirkt aber verunsichert, als ihr bewusst wird, dass dieser seinen eigenen unehelichen Sohn verleugnet und einen Meineid geschworen hat. Sie fordert Friedrich deshalb auf, das Geld wegzuwerfen, das er von Simon erhalten hat, und nicht mehr zu ihm zu gehen. Dass sie Friedrich dann doch wieder zu ihm schickt, hat auch mit ihrer großen Armut zu tun. Ihre Armut ist wohl auch ein Grund, warum sie sich nach anfänglichem Entsetzen über Simons Meineid eine Erklärung zurechtlegt, die ihn entlastet: »Ähnlichkeiten wollen nichts beweisen. Hatte sie doch selbst vor vierzig Jahren ein Schwesterchen verloren, das genau dem fremden Hechelkrämer glich« (S. 20).

Zwiespältige Haltung gegenüber Simon

Ihre Aufforderungen zum Gebet (S. 9, 20) werden von Friedrich nicht ernst genommen. Margreth wird als sehr religiös beschrieben, orientiert sich aber immer auch an der Dorfmoral, z. B. als sie sich im Gespräch mit Friedrich gegen die Juden und die Förster wendet. Die Raubzüge der Blaukittel kommentiert sie mit »Ei, du frommer Gott!« (S. 28). Das ist aber nur eine Floskel, denn das »versetzte sie gleichgültig« (S. 28). Auch der Tod Brandis berührt sie kaum, sie bezeichnet ihn vielmehr als »Lump« (S. 29) und verübelt ihm, dass er Friedrich »im Walde geschimpft und unsere Armut vorgeworfen hat« (S. 29).

Trotz Frömmigkeit Vertreterin der Dorfmoral

Die »unglückliche Wendung« (S. 35) im Charakter ihres Sohnes, die sie im Grunde ihres Herzens missbilligt, lässt sie immer stiller werden, bis sie »allmählig in einen Zustand der Verkommenheit versank, den man früher bei ihr für unmöglich gehalten hätte. Sie wurde scheu, saumselig, sogar unordentlich, und Manche meinten, ihr Kopf habe gelitten« (S. 35). Als nach dem Mord an Aaron nach Friedrich gesucht wird, wirkt sie »blass und steinern« (S. 43) und gibt kaum »ein anderes Lebenszeichen« von sich, »als dass sie unaufhörlich die Lippen nagte und mit den Augen zwinkerte« (S. 43).

■ Ende im Elend

Dass ihr Sohn als Mörder gesucht wird, gibt ihr offensichtlich den Rest, sie lebt bis zu ihrem Tod in »völliger Geistesdumpfheit« (S. 50) und lässt alles verkommen, was ihr von anderen gegeben wird.

■ Das personifizierte Böse als Verführer

Simon Semmler: Im Leben Friedrichs spielt Simon Semmler die Rolle des Versuchers, der ihn auf falsche Wege führt. Der Erzähler bescheinigt ihm, dass er »Alles tat, seinen Adoptivsohn dieselben Wege zu leiten, die er selber ging« (S. 35), und charakterisiert ihn als unheimlich und verbrecherisch. Dies wird deutlich an seiner Beschreibung als »Hecht« »mit vor dem Kopf liegenden Fischaugen« (S. 12). Seine äußere Erscheinung gibt ihm sogar etwas Teuflisches. Zu erkennen ist dies etwa an der Beschreibung der Szene, als er mit Friedrich davonläuft: »Simon voran, mit seinem Gesicht die Luft durchschneidend, während ihm die Schöße des roten Rocks wie Feuerflammen nachzogen« (S. 14). Simon Semmler verkörpert wirklich das radikal Böse, so hat er wohl nicht nur durch einen Meineid abgestritten, der Vater von Johannes Niemand zu sein, er belügt auch Friedrich, wenn er in Erinnerung an Friedrichs Vater behauptet: »Ich hatt ihn so lieb wie meinen eigenen Bruder« (S. 16). Tatsäch-

Die Bedeutung Simon Semmlers für Friedrich

Simon braucht einen »Spion« für seine Blaukittel (Friedrich eignet sich wegen seiner geistigen Fähigkeiten, seiner Arbeit als Hirtenjunge und seiner sozialen Isolation)

↓

Simon adoptiert Friedrich und gibt ihm Arbeit

↓

Wendepunkt in Friedrichs Entwicklung
- Wirtschaftliche Sicherheit
- Befreiung aus der Außenseiterrolle
- Demonstriert Würde und Selbständigkeit

↕

Entwicklung zum Dorfelegant

↕ ↕

aber:

Bindung an den moralisch verkommenen Onkel (Meineid im Vaterschaftsprozess, Führer der »Blaukittel«)

Johannes Niemand repräsentiert das alte, verkümmerte Ich Friedrichs (Mutter hält ihn zuerst für ihren Sohn!)

Abb. 7: Friedrichs Abhängigkeitsverhältnis und Entwicklung

lich hatte er nämlich »seit der törichten Heirat seiner Schwester ihre Schwelle nicht betreten« (S. 12). Außerdem ist er der Chef der Bande der Blaukittel, und auch die Ermordung des Försters Brandis ist ihm anzulasten. Dies wird angedeutet, als Friedrich ihn nach seiner Axt fragt: »Eu'r Gewissen ist nicht rein; Ihr habt mich belogen. […] Wo ist Eure Axt?« (S. 34).

Zu der negativen Darstellung Simons passt seine offenkundig ablehnende Haltung gegenüber dem christlichen Glauben. Er erkundigt sich, ob die Mutter immer noch so viel betet, und reagiert keineswegs unzufrieden, als ihm Friedrich erzählt, wie er sich dem Beten des Rosenkranzes entzieht. Als Friedrich zur Beichte gehen will, hält er ihn davon ab, indem er eines der zehn Gebote bewusst falsch zitiert (»Denk an die zehn Gebote: du sollst kein Zeugnis ablegen gegen deinen Nächsten« – »Kein falsches!« – »Nein, gar keines«, S. 34). Auch seine Aussage »wenn ich mehr von der Geschichte weiß, als der Türpfosten da, so will ich ewig nicht selig werden« (S. 34), ist eine offensichtliche Lüge, die ihn nur vor der irdischen Gerechtigkeit retten soll.

■ Ablehnende Haltung gegenüber dem christlichen Glauben

Nach Friedrichs Flucht redet er nur noch selten und schlecht von seinem Adoptivsohn. Vor seinem Tod ist er aber »noch ganz verarmt, durch Prozesse und böse Schuldner, die er nicht gerichtlich belangen durfte, weil es, wie man sagte, zwischen ihnen keine reine Sache war. Er hatte zuletzt Bettelbrot gegessen und war in einem fremden Schuppen auf dem Stroh gestorben« (S. 50).

■ Ende in Armut und Verachtung

Johannes Niemand: Die Familienähnlichkeit weist darauf hin, dass Simon Semmler der Vater von Johannes ist. Doch während sich Friedrich nach dem Pakt mit Simon zu einer anerkannten und gefürchteten Persönlichkeit entwickelt, bleibt sein Doppelgänger Johannes Niemand blass. Ihm fehlt offensichtlich jede Art von Selbstbewusstsein, er wurde wohl immer als lästiges Anhängsel behandelt und hat nie in irgendeiner Weise Liebe und Anerkennung erfahren. Bei seinem ersten Auftreten beobachtet Margreth ein »widriges Ansehen von Magerkeit und ängstlichem Zucken« (S. 17). Von ihr angesprochen, weicht er zurück, »murmelte einige unverständliche Worte« (S. 17), fängt an zu stammeln und hat den »Jammerblick eines armen, halbwüchsigen Hundes« (S. 17) und die »Miene eines Verfolgten« (S. 19).

Friedrich Mergels Doppelgänger

Johannes existiert neben Friedrich als der Niemand weiter, der Friedrich zuvor gewesen ist und zu dem Friedrich schließlich wieder herabsinkt. Er ist Friedrichs ständiger Begleiter, der beispielsweise die Bassgeige übernimmt, als Friedrich dem Gutsherrn seine Tanzkünste vorführen will. Wegen der engen Verbindung der beiden trifft es auch Friedrich, als Johannes als Butterdieb entlarvt wird. In diesem Zusammenhang wird deutlich, dass es Johannes immer noch sehr schlecht geht, er ist »der arme Teufel, dem zu Hause das Schlechteste gut genug sein musste« (S. 38).

Friedrichs ständiger Begleiter

Danach wird nur noch erwähnt, dass »der arme, unbeachtete Johannes« (S. 47) zusammen mit Friedrich verschwunden ist. Was aus ihm geworden ist und welches Ende er genommen hat, wird in der Novelle nicht erwähnt.

Nebenfiguren

Rivale als positives Gegenbild

Wilm Hülsmeyer: Er wird als Rivale Friedrich Mergels bezeichnet. Für die Handlung spielt er keine besondere Rolle, aber er stellt einen idealen Gegentypus zu Friedrich dar, weil er alle Normen verkörpert und in der Dorfgemeinschaft fest integriert und voll anerkannt ist. Wilm Hülsmeyer ist von Hause aus wohlhabend, und er als einziger »wagte im Bewusstsein seiner Kraft und guter Verhältnisse ihm die Spitze zu bieten; und da er gewandter in Worten war, als Friedrich, und immer, wenn der Stachel saß, einen Scherz daraus zu machen wusste, so war dies der Einzige, mit dem Friedrich ungern zusammentraf« (S. 35 f.). So fragte er Friedrich noch vor dem Auftreten Aarons, ob er denn die Uhr bezahlt habe.

Verhängnisvolle Ehrverletzung

Förster Brandis: Als Förster hat er einerseits eine gute soziale Stellung, doch andererseits ist er auch Außenseiter, weil er dem »zweiten Recht« (S. 3 f.) der Dorfgemeinschaft entgegenarbeitet, indem er versucht, sie vom Holzraub abzuhalten. Er weiß genau, wem der Pfiff Friedrichs eigentlich gilt. Von seinem Zorn lässt er sich dazu verleiten, Friedrich zu beleidigen und in seiner Ehre zu verletzen. Dies wird ihm zum Verhängnis. Er wird als impulsiv beschrieben, »der nach Art der meisten rauhen Menschen leicht bereute« (S. 26). Auch die harten Worte gegen Friedrich und seine Mutter tun ihm gleich wieder leid.

Jude Aaron: Der Jude Aaron spielt nur eine Nebenrolle und wird deshalb auch nicht mit individuellen Merkmalen gezeichnet. Er ist wahrscheinlich nicht mehr als ein armer Hausierer und erscheint in der typischen Rolle des Juden, der bei seinen Schuldnern Geld eintreibt.

■ Außenseiter im Dorf als Opfer

Gutsherr: Bei der Hochzeitsfeier war der Gutsherr anwesend, weil er bei den Menschen »seine Popularität aufrechtzuerhalten« (S. 40) suchte, obwohl ihm solche Feste keine Freude machten. Er war also Zeuge des Streits zwischen Friedrich und dem Juden Aaron gewesen. Doch erst bei der Untersuchung des Mordes an dem Juden Aaron, die von ihm geleitet wird, tritt er wirklich in Erscheinung. Persönliche Züge bekommt er aber erst bei der Rückkehr Friedrich Mergels. Er ist alt geworden, sitzt »zusammengefallen in seinem Lehnstuhl« (S. 51), als der Heimkehrer ins Schloss kommt, hat aber immer noch helle Augen. Das Schicksal des vermeintlichen Johannes erfüllt ihn mit Mitleid, er sorgt dafür, dass er eine Unterkunft findet und mit Nahrung und Kleidung versorgt wird. Er interessiert sich für ihn und lässt ihn oft von seinen Erlebnissen erzählen. Er ist sehr beunruhigt, als Johannes verschwunden ist, und sucht sogar selbst nach ihm. Am Ende der Novelle identifiziert er den Heimgekehrten als Friedrich Mergel.

■ Fürsorge aus Mitleid

4. Form und literarische Technik

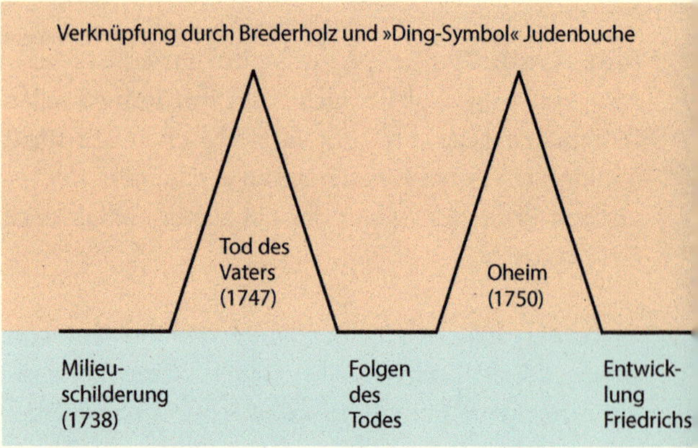

Abb. 8: Die Struktur der *Judenbuche*

Erzähltechnik

Die Judenbuche ist ein Meisterstück traditioneller Erzähltechnik. Im Folgenden soll im Detail herausgearbeitet werden, wie geschickt die Autorin erzählerische Mittel einsetzt, um die angestrebte Wirkung zu erzielen.

■ Kurzer Prolog in Form eines kurzen Gedichts

Der Erzählung wird ein zwölfzeiliges Gedicht vorangestellt, in dem das Thema Schuld und Sühne anklingt, das der Autorin besonders wichtig ist. »Lass ruhn den Stein« (S. 3) bezieht sich auf die Warnung Jesu im Johannes-Evangelium, den ersten Stein zu werfen. Eine schuldige Person soll man also nicht selbstgerecht verurteilen, sondern eher auf die Grün-

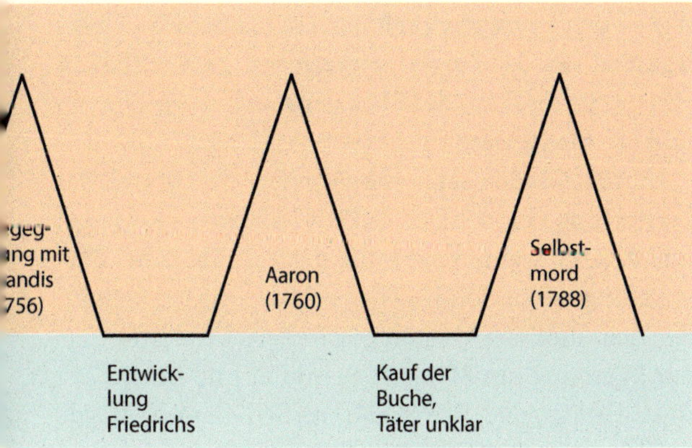

de sehen, die den Schuldigen auf Abwege gebracht haben, und dankbar sein, dass man selbst ein besseres Schicksal hatte.

In der Form eines Erzählerberichts stellt die Autorin anfangs nur das äußere Geschehen in dem Dorf B. dar. Sie verwendet die Er/Sie-Form des Erzählens. Dabei wird schon von Anfang an deutlich, dass auktorial erzählt wird, denn das Aussehen des Dorfes wird gewertet, ohne dass diese Wertung irgendeiner Figur in den Mund gelegt wird. So wird das Dorf als »schlecht gebaut« beschrieben, zugleich wird aber seine »malerische Schönheit« (S. 3) gelobt. Der Erzähler ist nahe am Geschehen, er kennt den Menschenschlag, erklärt das Denken und Verhalten der Leute

Beschreibung und Wertung der räumlichen Umgebung

aus diesem »abgeschlossenen Erdwinkel« (S. 3) und kritisiert insbesondere den Umgang mit dem Recht, wie es sich dort entwickelt hat. Grundsätzliche Überlegungen zu der längst vergangenen Zeit schließen sich an, bevor dann der Blick genauer auf das Dorf B. und Hermann Mergel gerichtet wird.

■ Blick auf Friedrichs familiäres Umfeld

Immer wieder setzt die Autorin das Mittel der Zeitraffung ein, denn es soll ja von Hermann Mergel nur erzählt werden, was für die Prägung und Entwicklung seines Sohnes Friedrich wichtig ist. So wird der Zeitraum von Mergels gescheiterter erster Ehe bis zur Werbung um Margaret Semmler mit einem Satz überbrückt: »Die Wirtschaft verfiel; fremde Mägde brachten Schimpf und Schaden; so verging Jahr auf Jahr« (S. 6). Ein ähnlicher Zeitsprung findet sich vor dem wichtigsten Ereignis von Friedrich Mergels Kindheit: »Der Vater hatte ihn sehr lieb, kam nie nach Hause, ohne ihm ein Stückchen Wecken oder dergleichen mitzubringen, und man meinte sogar, er sei seit der Geburt des Knaben ordentlicher geworden; wenigstens ward der Lärmen im Hause geringer. Friedrich stand in seinem neunten Jahre« (S. 7 f.).

■ Hermann Mergels Tod als erster Erzählhöhepunkt

Mit dem Sprung ins neunte Lebensjahr Friedrichs beginnt die erste szenisch-dialogische Darstellung. Das dramatische Geschehen um den Tod Hermann Mergels wird lebendig und ausführlich geschildert und könnte praktisch unverändert als Vorlage für eine Filmszene dienen. Danach wechselt die Autorin mit einem erneuten Zeitsprung wieder in den Erzählerbericht:

> »Friedrich hatte seinen Vater auf dem Stroh gesehen, wo er, wie man sagt, blau und fürchterlich ausgesehen haben soll. Aber davon erzählte er nie und schien ungern daran zu denken. Überhaupt hatte die Erinnerung an seinen Vater eine mit Grausen gemischte Zärtlichkeit in ihm zurückgelassen, wie denn nichts so fesselt, wie die Liebe und Sorgfalt eines Wesens, das gegen alles Übrige verhärtet scheint, und bei Friedrich wuchs dieses Gefühl mit den Jahren, durch das Gefühl mancher Zurücksetzung von Seiten Anderer.« (S. 11)

Nach der erneuten Zeitangabe: »Er war zwölf Jahre alt« (S. 11) wird das zweite wichtige Ereignis aus Friedrich Mergels Kindheit, die Begegnung mit Simon Semmler, ausführlich dargestellt. Die Gespräche zwischen Friedrichs Mutter und ihrem Bruder, den sie seit ihrer Hochzeit nicht mehr gesehen hatte, und zwischen Friedrich und Simon lassen wiederum Zeitdeckung erkennen, wie es für szenisch-dialogische Darstellungen kennzeichnend ist. Unterbrochen werden diese szenischen Teile, die sich über einen Handlungszeitraum von zwei Tagen erstrecken, immer wieder von erklärender und schildernder Erzählerrede. Dabei findet sich eine der eher seltenen Stellen, die eine Innenperspektive andeuten, auch wenn diese aus der Beobachterposition beschrieben wird:

Begegnung mit Simon Semmler als zweiter Erzählhöhepunkt

> »Sie hatte manche harte Last getragen, ihres Mannes üble Behandlung, noch schwerer seinen Tod,

und es war eine bittere Stunde, als die Witwe das letzte Stück Ackerland einem Gläubiger zur Nutznießung überlassen musste und der Pflug vor ihrem Hause stille stand.« (S. 20)

Margreth ist zutiefst davon erschüttert, dass ihr Bruder Simon offensichtlich einen Meineid geschworen hat, um abzustreiten, dass Johannes Niemand sein Sohn ist.

Danach wird in Form eines weiteren Erzählerberichts Friedrichs Entwicklung zum Dorfelegant beschrieben. Mit dem neuen Zeitsprung »In seinem achtzehnten Jahre« (S. 21) und der Schilderung des Vorgehens der Holzfällerbande der Blaukittel wird die nächste szenisch-dialogische Darstellung vorbereitet, die wiederum mit einer genauen Zeitangabe eingeleitet wird: »Es war im Juli 1756 früh um drei« (S. 23). Dann wird die Situation genau beschrieben, die Blaukittel werden nicht direkt erwähnt, aber die Geräuschkulisse weist unzweifelhaft auf sie hin. Der Dialog zwischen Friedrich und dem Förster wird besonders dramatisch gestaltet. Die Figuren reagieren hochemotional. Brandis kann seine Wut nur mühsam unterdrücken und lässt sich zu schweren Beleidigungen hinreißen. Friedrich ist davon schwer getroffen. Für einen kurzen Moment scheint sogar eine Prügelei möglich, denn »Friedrich griff krampfhaft nach einem Aste« (S. 25), bevor sich die Situation scheinbar entspannt. Die folgende kurze Erzählerrede lässt wieder den auktorialen Erzähler erkennen, der das Verhalten

■ Gespräch mit dem Förster Brandis als dritter Erzählhöhepunkt

des Försters erklärt und wertet. Ganz kurz wird auch eine Innenperspektive erkennbar. Friedrichs »›Es ist zu spät‹« (S. 27) deutet an, dass er kurz nachdenkt, ob er richtig gehandelt hat.

Die Aufregung um den Mord an Förster Brandis wird szenisch-dialogisch gestaltet, unterbrochen durch kurze Passagen des Erzählerberichts, um inhaltliche Zusammenhänge zu erklären. In diesem Abschnitt tritt eine auktoriale Erzählerfigur so deutlich hervor wie bisher an keiner anderen Stelle: »In diesem Augenblick trat Johannes Niemand in die Kammer; dünn und lang wie eine Hopfenstange, aber zerlumpt und scheu wie wir ihn vor fünf Jahren gesehen« (S. 29). Der Leser wird direkt angesprochen, ein gemeinsames Erleben von Leser und Erzähler wird in den Raum gestellt.

■ Auktoriale Erzählerfigur stellt Verbindung zum Leser her

Bei der Schilderung der gerichtlichen Untersuchung des Mordfalls erscheint es ganz natürlich, dass in Form einer Rückblende noch einmal das vergangene Geschehen beleuchtet wird. Dabei bemüht sich die Dichterin bei den Aussagen der Forstbeamten um eine sehr distanzierte Darstellung, denn sie verwendet konsequent die indirekte Rede: »Ihre Aussagen waren völlig gleichlautend: Brandis habe sie am zehnten abends zur Runde bestellt, da ihm von einem Vorhaben der Blaukittel müsse Kunde zugekommen sein; doch habe er sich nur unbestimmt darüber geäußert. …« (S. 30). Bei der Vernehmung Friedrichs wechselt die Autorin wieder in den Indikativ, der Höhepunkt von Friedrichs Vernehmung, die Konfronta-

■ Indirekte Rede bei den Zeugenaussagen der Forstbeamten

tion mit der Tatwaffe, wird wieder szenisch-dialogisch dargestellt.

Mit dem Abschluss der gerichtlichen Untersuchung tritt der auktoriale Erzähler noch einmal besonders deutlich hervor. Der Leser wird direkt angesprochen, um seine Leseerwartung zu enttäuschen und ihm klarzumachen, dass das Verbrechen nie aufgeklärt worden sei. Bei einer erdichteten Geschichte wäre es Unrecht gewesen, »die Neugier des Lesers so zu täuschen. Aber dies Alles hat sich wirklich zugetragen; ich kann nichts davon oder dazu tun« (S. 33).

■ Bewusste Enttäuschung der Lesererwartung

Nach diesem erklärenden Einschub folgt eine szenisch-dialogische Darstellung des Gesprächs mit Ohm Simon, bei der der auktoriale Erzähler Einblicke in das Innere Friedrichs erlaubt. Er erklärt sein Vorhaben, beichten gehen zu wollen, sowie seine Motive hierfür und lässt Friedrichs inneren Kampf deutlich werden. Nachdem dessen Entscheidung, nicht zu beichten, gefallen ist, wird dieser Entschluss und Friedrichs weitere Entwicklung dann vom Erzähler kommentiert und gewertet (»leider« S. 35). Dann folgt eine Analyse von Friedrichs Persönlichkeitsentwicklung, die sein Wesen genau durchleuchtet und zugleich auch kühl und distanziert wirkt. Friedrichs Verhalten wird erklärt, ohne dass der Erzähler in irgendeiner Weise Sympathie für ihn wecken möchte.

■ Beschreibung und Wertung von Friedrichs Persönlichkeitsentwicklung

Mit einem erneuten Zeitsprung wechselt die Autorin zum nächsten Erzählhöhepunkt. Zuerst beleuchtet der auktoriale Erzähler kritisch und distanziert das Verhalten des Dorfes. Mit einer genauen Zeitangabe

■ Hochzeit als vierter Erzählhöhepunkt

ist der Erzähler, dann gleich mitten im Fest, der kritische Unterton bleibt, denn die offenkundigen Unzulänglichkeiten der konfliktreichen Feier stehen im Kontrast zu der Wertung »kurz, es war ein köstliches Fest« (S. 36). In einer szenisch-dialogischen Darstellung wird Friedrichs angeberisches Verhalten beim Fest und nach der öffentlichen Bloßstellung von Johannes Niemand ausführlich geschildert. Während der Blick auf das Brautpaar gerichtet wird, erlebt Friedrich eine noch größere Schmach, denn nun wird er durch die Frage nach der Bezahlung seiner Uhr selbst bloßgestellt. Dies wird aber nur in einer kurzen Rückblende erzählt:

> »Eine große, unerträgliche Schmach hatte ihn getroffen, da der Jude Aaron […] plötzlich erschienen war, und […] nach einem kurzen, unbefriedigendem Zwiegespräch ihn laut vor allen Leuten um den Betrag von zehn Talern für eine schon um Ostern gelieferte Uhr gemahnt hatte.« (S. 39)

Gespenstische und düstere Vorzeichen bereiten den eigentlichen Erzählhöhepunkt vor, die Entdeckung des Mordes am Juden Aaron. Die Suche nach dem Mörder wird teilweise szenisch-dialogisch, teilweise in der Form eines die Handlungsteile verbindenden Erzählerberichts geschildert. Die düstere Atmosphäre bleibt erhalten, wenn der Amtsschreiber von seinen Erlebnissen erzählt. Er spricht von einem »Mordwetter« (S. 44) und davon, dass er nur knapp einem Unglück entgangen ist. Auch die Spannung wird nicht aufgelöst, denn es wird nicht erzählt, was die hebräische Inschrift in der Buche bedeutet. Außerdem wird von der Erzählerin eine falsche Fährte gelegt. Die Vermutung, dass der geflohene Friedrich Mergel an dem Mord unschuldig gewesen sein könnte, bleibt unbeantwortet im Raum stehen.

Dann erfolgt wieder ein großer Zeitsprung. Was in den 28 Jahren seit dem Mord passiert, wird wieder in Form einer Zeitraffung wiedergegeben, ohne auf besondere Ereignisse einzugehen. Entscheidend ist dabei, dass der Schlossherr, der die Morduntersuchung geleitet hatte, noch lebt. Der auktoriale Erzähler beobachtet den Mann, der aus der Fremde heimkehrt. Er beschränkt sich auf das äußere Geschehen. Doch die Reaktion des Mannes auf das Weihnachtslied lässt dessen innere Bewegtheit ahnen. Der Erzählerbericht wird immer wieder von szenisch-dialogischen Darstellungen unterbrochen. Dabei wird in Rückblenden kurz das Schicksal der Personen dargestellt, die inzwischen verstorben sind. Im Gespräch mit dem Schlossherrn erzählt dann der Heimkehrer seine Lebensgeschichte. Am Schluss baut der Erzähler noch einmal Spannung auf, weil das Verhalten des Heimkehrers seltsam wirkt, er dann verschwindet und zuerst auch nicht gefunden werden kann. Erst ganz am Ende wird die Spannung aufgelöst und die wahre Identität des Heimgekehrten und auch das Geheimnis der Inschrift im Baum aufgeklärt.

■ Spannung bleibt bis zum Schluss erhalten

Dass Friedrich Mergel schließlich an der Narbe an

seinem Hals erkannt wird, erinnert an Odysseus, der nach zwanzigjähriger Abwesenheit auch von seiner früheren Amme an einer Narbe erkannt wird. Dass diese Parallele kein Zufall ist, legt der Anfang der Erzählung nahe, wo es heißt, dass »eine Reise von dreißig Meilen selbst den Vornehmeren zum Ulysses seiner Gegend machte« (S. 3). Es gibt noch weitere Parallelen: Auch Odysseus wird in seiner alten Heimat zuerst als Bettler wahrgenommen. Zudem hatte er sich dem Riesen Polyphem gegenüber bei seiner Rückreise als »Niemand« vorgestellt.

Parallelen zu *Odysseus*

Zusammenfassend kann man also feststellen, dass die Autorin in der *Judenbuche* entsprechend ihrer jeweiligen Intention verschiedene Erzählweisen benutzt. Dieser souveräne Umgang mit den Erzählformen der traditionellen Erzählkunst trägt auch zu der Faszination bei, die seit beinahe zwei Jahrhunderten von der Geschichte ausgeht.

Erzählweisen in der *Judenbuche*

Die Form der **Beschreibung** findet sich am Anfang der Erzählung und jeweils nach den Erzählhöhepunkten. Etwa 10 Prozent des Textes lassen sich als Beschreibung bezeichnen. Typisch dafür sind die Darstellung von Milieu und Seelenvorgängen, eine zeitlose, analytische Erzählweise sowie eine scheinbare Distanz zu den Vorgängen; man erfährt nie, was im Helden vorgeht. Es wird nur das äußere Geschehen in den Blick genommen.

Beschreibung

Etwa 15 Prozent der Erzählung lassen sich als **Bericht** klassifizieren. Der Bericht dient in der *Judenbuche* der zusammenfassenden Darstellung zwischen

Bericht

Dialogpartien und führt mit Hilfe der Zeitraffung das Geschehen weiter.

Szenisch-dialogische Darstellung

Der weitaus überwiegende Teil der Novelle muss der **szenisch-dialogischen Darstellung** zugeordnet werden. Die szenisch-dialogische Darstellung, die sich fast direkt auf der Bühne oder im Film umsetzen ließe, findet sich bei Gipfelpunkten der Erzählung und bei Konflikten. Der Leser fühlt sich mitten ins Geschehen hineinversetzt. Erzählzeit und erzählte Zeit stimmen fast überein.

Entscheidendes bleibt hinter der Szene verborgen

Gerade durch die szenisch-dialogische Darstellung wird der Blick des Lesers oft auf Nebensächlichkeiten gelenkt. Die entscheidenden Ereignisse, d. h. die Erzählhöhepunkte, werden meist nur indirekt geschildert und bleiben hinter der Szene verborgen. Das gilt für alle Todesfälle, denn weder der Tod Hermann Mergels noch die Ermordung des Försters Brandis oder des Juden Aaron und auch nicht Friedrichs Selbstmord werden von der Autorin unmittelbar erzählt. Der Leser erfährt immer erst davon, wenn der Tod schon eingetreten ist. Auch die Demütigung Friedrichs bei der Hochzeit wird erst erwähnt, als Friedrich das Fest schon verlassen hat. Während Aaron Friedrich als säumigen Schuldner öffentlich bloßstellt, wird ein Gespräch zwischen dem Gutsherrn und der weinenden Braut geschildert.

Gattungszuordnung

Droste-Hülshoffs *Die Judenbuche* lässt sich nicht mit Eindeutigkeit einer Gattung zuordnen. Vier Gattungen wurden ins Spiel gebracht: Sittengemälde, Milieustudie, Kriminal- und Detektivgeschichte und Novelle.

Ein **»Sittengemälde«** war in der Zeit des Biedermeier eine beliebte Schilderung der Lebensformen eines Volkes oder einer Bevölkerungsgruppe und seiner landschaftlichen Umgebung. Für die Zuordnung zum Sittengemälde spricht die Tatsache, dass die atmosphärischen, landschaftlichen und gesellschaftlichen Einzelheiten erkennbar der vertrauten Umgebung des heimatlichen Westfalen entnommen sind. Für das Sittengemälde spricht auch, dass die *Judenbuche* ja als Teil eines größeren Werkes über Westfalen geplant war, die sozialen Verhältnisse auf dem Land dargestellt werden und die Autorin den negativen Einfluss der Aufklärung herausstellen möchte. Für ihren negativen Einfluss könnte Simon stehen, durch ihn wächst Friedrich aus der Dorfgemeinschaft und ihren Normen heraus. Das gezähmte Archaisch-Böse wird dadurch freigesetzt.

■ Darstellung westfälischer Lebensverhältnisse

Für eine Zuordnung zur Gattung **Milieustudie** kann angeführt werden, dass die Zustände und Verhaltensweisen der Dorfbevölkerung sowie Herkunft, Erziehung und die Bedingtheit von Friedrichs Charakter und Schicksal dargestellt werden. Er ist in jeder Beziehung ein Extrem des Landesüblichen (vgl. seine

■ Erklärung der Persönlichkeitsentwicklung durch das Milieu

Rohheit, Leidenschaftlichkeit, sittliche Verwahrlosung und seinen falschen Ehrgeiz). Man könnte sagen, dass die Dichterin vor dem menschlichen Verhängnis warnen möchte, das in dieser Umgebung angelegt ist.

Aufklärung eines Verbrechens

Die **Kriminal- und die Detektivgeschichte** befassen sich mit einem Verbrechen. Die Detektivgeschichte beginnt mit dem Verbrechen und stellt die Aufklärung des Verbrechens in den Mittelpunkt. Die Kriminalgeschichte untersucht vor allem die seelischen Vorgänge, die zu der Tat geführt haben. Die Droste hat ihre Erzählung selbst eine Kriminalgeschichte genannt. Allerdings trägt nur der erste Teil Züge einer solchen, denn der Leser erfährt, aus welchen Gründen Friedrich Mergel zum Mörder geworden ist. Dabei werden neben den psychologischen Motiven auch soziale Hintergründe entfaltet, die ebenfalls dazu beigetragen haben, dass er auf die schiefe Bahn geraten ist. Der zweite Teil ist eher der Detektivgeschichte zuzuordnen. Unzusammenhängende Tatsachen werden Stück um Stück mitgeteilt. Das entscheidende Motiv wird dabei bis zum Ende aufgespart. Allerdings gibt es in der *Judenbuche* keinen wirklichen Detektiv. Alle Figuren, die in irgendeiner Form als Detektiv auftreten, wirken ungeschickt oder fast hilflos und bringen kaum mehr als lückenhafte, vieldeutige oder gar unzuverlässige Tatsachen, Vermutungen und Gerüchte zusammen. Der Gutsherr arbeitet zwar »rascher, als sonst geschehen wäre« (S. 42), aber dennoch dauert es bis zur

Dämmerung, bis die Schützen bereit sind, Friedrich zu verhaften. Der Amtsschreiber erfährt von seiner Frau von dem Vorfall, muss sich aber erst einmal hinlegen, da er »so todmüde war« (S. 44). Nicht ohne Grund stellt dann der Gutsherr fest: »Das müsste wahrhaftig ein dummer Teufel von Delinquenten sein, der sich packen ließe!« (S. 44). Da der mutmaßliche Täter nicht erwischt werden konnte, wird die gerichtliche Verhandlung von ihm geschlossen. Der Brief, in dem vom angeblichen Geständnis des Lumpenmoises berichtet wird, bewirkt nur eine kurze Aufregung, dann ruht der Mordfall achtundzwanzig Jahre lang.

Obwohl *Die Judenbuche* erst wirklich bekannt geworden ist, als sie von Paul Heyse in eine Novellensammlung aufgenommen und damit der Gattung **Novelle** zugeordnet wurde, entspricht sie nicht genau der Novellendefinition, schon allein deswegen, weil sie das ganze Leben Friedrich Mergels nachzeichnet. Typisch ist allerdings, wie die Judenbuche als Dingsymbol eingesetzt wurde. Die »letzten Worte« der Verführungsszene, als Simon Friedrich vom rechten Weg abbringen will, »wurden unter dem Schirme einer weiten Buche gesprochen« (S. 15). Als Friedrich Brandis auf den falschen Weg schickt, will er ihn glauben machen, dass seine Leute »dort an der Buche hinaufgegangen« (S. 26) sind. Aarons Frau hat »unter einer großen, am Berghange stehenden Buche Schutz gesucht« (S. 42), wo sie dann ihren ermordeten Mann findet. In diese Buche wird später auch der geheimnis-

■ *Judenbuche* als Novelle

volle Spruch eingehauen. Schließlich zieht sie Friedrich zurück an den Ort seines Verbrechens, und er erhängt sich in ihren Zweigen. Gefunden wird er vom Sohn des Försters Brandis, den er Jahrzehnte zuvor in den Tod geschickt hatte.

5. Quellen und Kontexte

Quellen zur Entstehung

1783 wurde in der Nähe der Familiengüter der Droste ein Jude ermordet. Drostes Großvater, den die Dichterin zum ersten Mal 1805 in Bökendorf besuchte, war für die gerichtlichen Untersuchungen verantwortlich. Im Jahr 1806 oder 1807 beging ein Hermann Winkelhannes, der diesen Juden umgebracht hatte, nach seiner Rückkehr aus der Sklaverei Selbstmord. 1813 hielt sich die Droste wieder in Bökendorf auf. Der Großvater hat damals die Geschichte von dem zurückgekehrten Mörder öfters erzählt. 1818 veröffentlichte dann Drostes Onkel August von Haxthausen in der Zeitschrift *Wünschelruthe* die *Geschichte eines Algierer-Sklaven*, die das Schicksal des Mörders zum Thema hat. Diesen Bericht des Onkels las die Dichterin bei weiteren Besuchen in Bökendorf. Für diesen Bericht hat er sich möglicherweise auf Gerichtsakten gestützt, die heute nicht mehr existieren. Am Anfang des Berichtes schreibt er: »Die hier niedergeschriebene Geschichte ist wörtlich wahr; viele hunderte Leute in der Gegend, wo der Unglückliche lebte, können das bezeugen.« Trotzdem ist anzunehmen, dass er den Bericht auch poetisch gestaltet hat, wie es dem Charakter dieser Zeitschrift entsprach.

■ Wirklicher Vorfall als Hintergrund der *Judenbuche*

Auch für ein weiteres Motiv der Novelle *Die Judenbuche* gibt es ein reales Vorbild. Im Streit um die Holzrechte setzt sich die Gemeinde Bökendorf 1827 vor

■ Streit um Holzrechte

Gericht gegen den Freiherrn von Haxthausen durch. Die Einwohner durften nun Bäume schlagen, ausgenommen waren nur die Eichen.

Während des Schreibens hat die Droste auch eigene Nachforschungen zum Mordfall durchgeführt. 1841 wurde *Die Judenbuche* beendet. Aus Rücksicht auf noch lebende Angehörige der an den Vorkommnissen Beteiligten wurden Ort, Zeit und Namen der realen Vorbilder abgewandelt.

■ Vergleich mit den Aufzeichnungen des Onkels

Wenn man den Bericht des Onkels liest, wird deutlich, dass die Droste das Grundmuster des realen Geschehens übernommen, aber im Detail fast alles verändert hat. Dabei werden auch Personen und Handlungsmotive hinzugefügt, die kein historisches Vorbild haben. Zusammengefasst wird das reale Mordgeschehen von dem Onkel folgendermaßen dargestellt: Bei dem Streit mit dem jüdischen Kaufmann ging es nur um ein Stück Tuch, das Hermann Winkelhannes nicht voll bezahlen wollte. Es kam zu einer Gerichtsverhandlung, bei der dem Juden Soistmann Berend mit dem Beinamen Pinnes voll und ganz Recht gegeben wurde. Zwei Tage später wurde er erschlagen im Wald aufgefunden. Er hatte vor seinem Tod siebzehn gut sichtbare Schläge mit einem Knüppel erhalten. Ein blutiger Knüppel wurde etwa 100 Schritte vom Fundort der Leiche entfernt in einem Graben gefunden. Der Förster erinnerte sich daran, dass er Hermann Winkelhannes am Tag des Urteilsspruchs genau in diesem Wald dabei beobachtet hatte, wie er sich einen Knüppel zurechtgeschnitten

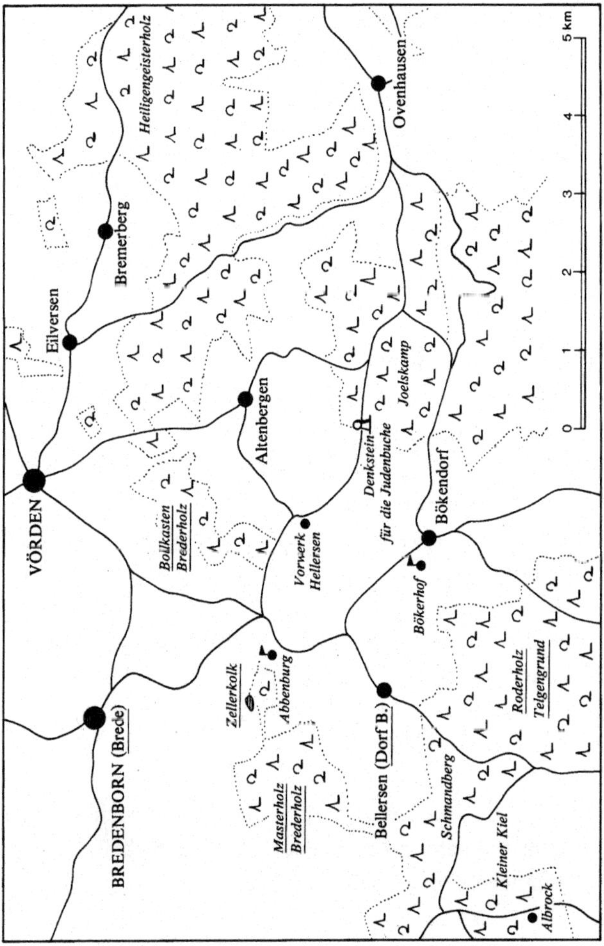

Abb. 9: Karte zum Schauplatz. Heutiger Zustand. Die im Text genannten Ortsbezeichnungen sind unterstrichen

hatte. Da Winkelhannes auch noch vor Zeugen gedroht hatte, den Juden kaltzumachen, wies alles auf ihn als Mörder hin. Man suchte ihn bei seinem Vater, konnte ihn aber dort nicht finden. Noch vor dem Begräbnis erhielt der zuständige Rabbiner die Erlaubnis, in den Baum, an dem Soistmann Berend ermordet wurde, hebräische Schriftzeichen einzuritzen, die besagen, dass der Mörder des Juden keines rechten Todes sterben werde.

Sechs Jahre später traf ein Brief von Winkelhannes im Fürstentum ein, in dem er darum bat, ihn mit 300 Dukaten aus der türkischen Sklaverei auszulösen. Dann hörte man nichts mehr von ihm. Er tauchte schließlich fast 20 Jahre später im April 1807 wieder in der alten Heimat auf, wurde aber nicht festgenommen, weil 24 Jahre Sklaverei dem Tode gleich seien. Er erzählte dem Gerichtsherrn, dass er den Juden ursprünglich nur durchprügeln, aber nicht umbringen wollte. Dass ihm die Flucht gelungen sei, glaubte er dem Eingreifen der Muttergottes zu verdanken und machte deshalb eine Wallfahrt, bevor er sich als Matrose anwerben ließ und schließlich in Gefangenschaft geriet. Im Gefolge der Napoleonischen Kriege durfte er in die Heimat zurückkehren, wo er sich wenige Monate später an dem Baum mit den Schriftzeichen erhängte.

Literarische Einflüsse

»Christian Wolf war der Sohn eines Gastwirts in einer ...schen Landstadt (deren Namen man, aus Gründen, die sich in der Folge aufklären, verschweigen muss) und half seiner Mutter, denn der Vater war tot, bis in sein zwanzigstes Jahr die Wirtschaft besorgen. Die Wirtschaft war schlecht, und Wolf hatte müßige Stunden. Schon von der Schule her war er für einen losen Buben bekannt. Erwachsene Mädchen führten Klagen über seine Frechheit, und die Jungen des Städtchens huldigten seinem erfinderischen Kopfe.« Wenn man diese Einleitung von Schillers *Verbrecher aus verlorener Ehre* (1786) liest, fallen Parallelen in sprachlicher Gestaltung und Inhalt auf. Auch in der *Judenbuche* wird der Protagonist zunächst vorgestellt: »Friedrich Mergel, geboren 1738, war der einzige Sohn eines sogenannten Halbmeiers ...« (S. 3). Weiter ähneln sich die Protagonisten aufgrund ihrer familiären Umstände und ihres Charakters: Beide haben den Vater verloren und müssen der Mutter zur Seite stehen, wachsen aber in wirtschaftlich ärmlichen Verhältnissen auf und erleben Verachtung. Beide haben einen starken Geltungsdrang, übernehmen sich finanziell und schaffen es, von den Gleichaltrigen anerkannt zu werden.

■ Schillers *Verbrecher aus verlorener Ehre*

Der Pariser Anwalt Pitaval gab in der Mitte des 18. Jahrhundert eine Sammlung mit außergewöhnlichen Kriminalfällen heraus, die spannend aufbereitet waren, aber zugleich betonten, sich genau an die Tat-

■ Sammlung von merkwürdigen Kriminalfällen

sachen gehalten zu haben, wie sie in den Prozessakten dokumentiert sind. Diese Bände wurden ins Deutsche übersetzt, eine Auswahl wurde von Friedrich Schiller unter dem Titel *Merkwürdige Rechtsfälle als ein Beitrag zur Geschichte der Menschheit* herausgegeben. Das erfolgreiche Konzept fand in Deutschland mehrere Nachahmer. Auch die Droste kannte diese Kriminalgeschichten und hat z. B. den Namen der »Schlemmingschen Bande« (S. 47), die um 1780 in Hessen ihr Unwesen trieb, für *Die Judenbuche* übernommen. Ebenso hat die Autorin die typischen Wahrheitsbeteuerungen dieser Geschichten übernommen, wenn sie schreibt: »Aber dies Alles hat sich wirklich zugetragen; ich kann nichts davon oder dazu tun« (S. 33).

6. Interpretationsansätze

Wilhelm Gössmann betont in seinem Buch *Annette von Droste-Hülshoff. Ich und Spiegelbild*, das 1985 im Droste-Verlag Düsseldorf erschienen ist, es gebe viele Deutungen der *Judenbuche* und es seien auch tatsächlich viele Deutungen möglich; »welche Deutung vorgelegt wird, ist letztlich ein Gesinnungsproblem des Interpreten. Die erzählte Geschichte bleibt unter vielen Gesichtspunkten offen«.

■ Unterschiedliche Deutungsmöglichkeiten

Die wichtigsten Interpretationsansätze sollen nun im Folgenden vorgestellt werden.

Heimatgeschichtlicher Interpretationsansatz

Vordergründig verarbeitet Annette von Droste-Hülshoff einfach eine interessante Begebenheit, die sie selber aus Erzählungen kannte. Wie sie mit dem Stoff umgeht, zeigt sich an der Entstehungsgeschichte und an den Veränderungen, die sie an der Datierung vornimmt.

Für den heimatgeschichtlichen Interpretationsansatz spricht, dass die Droste selbst das Werk als Heimatdichtung im Sinn des 19. Jahrhunderts sehen wollte. *Die Judenbuche* sollte ein Teil des geplanten, aber nie vollendeten Westfalenromans *Bei uns zu Lande auf dem Lande* werden. Die Welt, die geschildert wird, ist noch ständisch-agrarisch geprägt, denn der »Erdwinkel«, wo die Geschehnisse um Friedrich Mergel angesiedelt sind, ist »ohne Fabriken und Han-

■ *Die Judenbuche* – Teil des geplanten Westfalenromans

	Tatsächlicher Zeitpunkt		Datierung der Novelle
Heirat Margreths	1757	→	(1736)
Geburt Friedrichs	1764	→	1738
Tod des Vaters	3.12.1801	→	(6.1.1747)
Besuch Simons			(1750)
Förstermord			11.7.1756
Judenmord	10.2.1783	→	Oktober 1760
Heimkehr	April 1806	→	24.12.1788
Tod Friedrichs	Sept. 1806	→	(23.9.1789)
Auffinden der Leiche	18.9.1806	→	14 Tage später aber: Sept. 1788

Abb. 10: Tatsächlicher Zeitpunkt – Datierung der Novelle

del« (S. 3). Auch die folgenden typischen Kennzeichen von Heimatdichtung lassen sich in der Erzählung wiederfinden:

- Aufwachsen in der Heimat,
- innere Bindung an die heimatliche Landschaft,
- schuldhafte oder freiwillige Abwendung von der Heimat
- Heimkehr.

Friedrich Mergel wächst in seinem Heimatdorf auf. Die Novelle beschreibt seine Schwierigkeiten, einen angemessenen Platz in der Dorfgemeinschaft zu finden. Er muss es erdulden, dass er wegen des unrühmlichen Todes seines Vaters von den Gleichaltrigen angefeindet wird. Auch die Armut macht ihn zum Außenseiter und wird ihm schließlich noch vom Förster Brandis vorgehalten, der die Mergels als »Lumpenpack« (S. 25) bezeichnet. Zugleich lässt die Novelle keinen Zweifel daran, dass Friedrich fest in seiner heimatlichen Landschaft verwurzelt ist, sein Wertesystem ist ganz eindeutig von ihr geprägt. Juden und Förster werden von ihm genauso wie von den anderen abgelehnt.

Friedrich Mergel – in der Heimat verwurzelter Außenseiter

Durch die Verbindung mit Simon scheint es ihm zu gelingen, sich aus dieser Außenseiterrolle zu befreien und »einen bedeutenden Ruf in der jungen Dorfwelt« (S. 21) zu erringen, wobei ihm die »geheime Missbilligung Mancher« (S. 35) durchaus bewusst ist. Das Dorf ist also Friedrich Mergels Lebenshorizont, seine guten und seine schlechten Eigenschaften sind nur vor dem Hintergrund dieser dörflichen Welt wirklich zu verstehen, die er bis zu seiner Flucht genauso wenig wie die anderen Bewohner der Gegend verlassen hat.

Wegen des Mordes an dem Juden Aaron muss er seine Heimat verlassen, doch schließlich zieht es ihn dorthin zurück. Dabei benennt er auch den Grund für seine Heimkehr: »[…] ich habe mein Leben zwischen Türken und Ketzern zubringen müssen, soll ich nicht wenigstens auf einem katholischen Kirchhofe liegen?« (S. 53).

Psychologische Interpretation

Erfüllung von Gruppennormen als Bedingung für Gruppenzugehörigkeit

Das Dorf B. weist eine starke Gruppenidentität auf, die sich auch gegenüber der Obrigkeit behauptet. Dem Einzelnen bietet das Dorf soziale Geborgenheit, solange sich das Individuum in die Dorfgemeinschaft eingliedert. Dies setzt allerdings voraus, dass dieses Individuum die Gruppennormen erfüllt bzw. erfüllen kann. Erwünschte Normen wären Ansässigkeit, gute Verhältnisse, rassische und religiöse Zugehörigkeit und ein mit der öffentlichen Meinung konformes Verhalten. Wim Hülsmeyer, Friedrichs Rivale, erfüllt alle diese Normen und kann in diesem Sinne als Idealtypus bezeichnet werden.

Alle Außenseiter, die diesen Normen nur teilweise entsprechen, nehmen im Brederholz ein gewaltsames Ende. Die Juden, die durch Aaron repräsentiert werden, leben zwar in bescheidenem Wohlstand, haben aber eine andere Religion als die übrigen Dorfbewohner. Die Förster, vor allem repräsentiert durch Brandis, vertreten andere Normen als die Dorfgemeinschaft. Das bringt die Mutter dem jungen Friedrich schon als Kind bei. Sie erklärt ihm, »die Juden sind alle Schelme« (S. 10). Auf die Frage, ob die Förster lügen, antwortet sie: »Höre, Fritz, das Holz lässt unser Herrgott frei wachsen und das Wild wechselt aus eines Herren Lande in das andere; die können Niemand angehören« (S. 10 f.).

Wichtigster Außenseiter der Novelle ist Friedrich Mergel. Er teilt zwar mit dem Dorf die Vorurteile gegenüber den Juden und die Rechtsauffassung, lebt aber in ärmlichen Verhältnissen. Deshalb hat er eine Chance, anerkannter Teil der Dorfgemeinschaft zu werden, sobald sich seine sozialen Verhältnisse scheinbar ändern. Allerdings geschieht dies über den zwielichtigen Bruder seiner Mutter. Damit fehlt seinem sozialen Aufstieg die solide Grundlage. Mit 18 Jahren hatte er »sich bereits einen bedeutenden Ruf in der jungen Dorfwelt gesichert« (S. 21), man hatte sich daran gewöhnt, ihn »als anerkannten Dorfelegant an der Spitze des jungen Volks« (S. 22) zu sehen. Sein Streben nach Anerkennung zeigt sich auch darin, dass er seine voll entwickelten körperlichen Kräfte gerne zur Schau stellte, so z. B. als »er einen erlegten Eber über zwei Meilen weit auf seinem Rücken trug, ohne abzusetzen« (S. 21).

Friedrich Mergels Kampf um gesellschaftliche Anerkennung

Dass er den Förster Brandis bewusst auf den falschen Weg schickt, erklärt sich aus der Kränkung, die ihm mehr als deutlich macht, wie sehr er von der erwünschten sozialen Anerkennung entfernt ist. Dank Friedrichs sehr geschickter Spitzeltätigkeit sind Förster und Blaukittel noch nie aufeinandergetroffen. Mit einem Mord hat Friedrich nicht gerechnet, sondern wohl eher damit, dass der Förster – wie das zuvor schon geschah – verprügelt und »mit Schnupftabak geblendet« (S. 5) wird, er wird aber ungewollt zum Mitwisser und Helfershelfer eines Verbrechens. Als ihm vor Gericht überraschend die Tatwaffe gezeigt wird, bleibt sein Blick »auf einem ausgebrochenen Splitter am Stiele […] haften« (S. 32). Er weiß genau,

Innerer Zwiespalt bei der Gerichtsverhandlung

wer der Täter ist und muss sich nun entscheiden, ob er sich ethisch richtig verhält und damit seine Lebensgrundlage gefährdet oder seinen Onkel schützt und nicht verrät. Die soziale Anerkennung, die ihm nur sein Onkel ermöglichen kann, ist ihm wichtiger.

Seine Repräsentationssucht und sein großspuriges Auftreten können als Überkompensation gedeutet werden. Er will die Außenseiterposition seiner Kindheit vergessen machen. Zugleich stellt ihm sein ständiger Begleiter Johannes Niemand die Gefahr des Identitätsverlusts vor Augen. Friedrichs neue Rolle ist also dauernd gefährdet. Er trat zwar immer »lauter« auf, doch »da ein sehr empfindliches Ehrgefühl ihn die geheime Missbilligung Mancher nicht übersehen ließ, war er gleichsam immer unter Waffen, der öffentlichen Meinung nicht sowohl Trotz zu bieten, als sie den Weg zu leiten, der ihm gefiel« (S. 35). Nur Wilm Hülsmeyer wagt es, ihm entgegenzutreten. So fragt dieser ihn bei der Hochzeit, als er seine silberne Uhr zeigt, um seine Reputation nach dem Butterdiebstahl seines Begleiters wiederherzustellen, ob er die Uhr denn bezahlt habe. Gerade seinem Widersacher ist Friedrichs unsichere Position offensichtlich bewusst.

■ Unsichere Stellung als Anführer der Dorfjugend

Nach der Zerstörung seines Rufs auf der Dorfhochzeit sieht er sich der Gefahr gegenüber, zu einem Niemand zu werden. Weil er sich ausgestoßen und verlacht fühlt, (»Die Tenne tobte von Gelächter« S. 39) geht ihm seine ganze Selbstachtung verloren. Die Demütigung wiegt umso schwerer, als sie durch einen gesellschaftlich verachteten Juden erfolgte. Aus der

■ Gesellschaftliches Ansehen als Voraussetzung für Selbstachtung

Tenne werden auch negative Stimmen gegen Aaron laut: »Packt den Juden! wiegt ihn gegen ein Schwein!« (S. 39). Friedrich muss so das Gefühl haben, dass er jetzt noch unter dem Juden und damit ganz unten steht: »Friedrich war wie vernichtet fortgegangen«, (S. 39) weiß der Erzähler zu berichten. Außerdem sah er »so blass aus wie ein Tuch« (S. 40). Mit diesem Weggehen verschwindet Friedrich aus der Handlung. Bis zu seiner Heimkehr tritt er nicht mehr direkt auf. Dass der Heimgekehrte Friedrich ist, wird auch erst ganz am Schluss enthüllt.

Friedrichs Bereitschaft zur Gewaltanwendung

Friedrichs Handlungsweise kann man nur noch indirekt erschließen. Es ergibt sich aber kein stimmiges Bild. Einerseits neigt Friedrich zur Gewaltanwendung. Schon als Kind »schlug« er »um sich, stach auch einmal mit seinem Messerchen« (S. 11), später verschaffte er sich bei Spott »durch ein paar derbe Zurechtweisungen mit der Faust Ruhe« (S. 22), wird aber dabei nicht nur durch Affekte gesteuert. Als er vom Förster Brandis beleidigt wird, greift er »krampfhaft nach einem Aste« (S. 25), beherrscht sich aber und setzt den Förster durch kluge Antworten ins Unrecht, bevor er ihn dann bewusst den Blaukitteln in die Arme schickt. Auch nach dem Vorfall mit Brandis, der ihm arge Gewissensbisse verursacht, ist er noch »oft roh« (S. 35) und verpasst Johannes bei der Hochzeit »ein paar derbe Maulschellen« (S. 38). Ein Mord aus Rache ist ihm nach der öffentlichen Demütigung also durchaus zuzutrauen. Alles scheint darauf hinzuweisen, dass er den Juden Aaron ermordet hat, dem er letztlich die Schuld an der Zerstörung seiner sozialen Position gibt.

Um der polizeilichen Verfolgung zu entgehen, muss er aus seiner Heimat flüchten. Man fragt sich aber, warum er mit der Flucht drei Tage wartet und sich erst davonmacht, als die Verfolger sozusagen vor der Tür stehen. Das Bett war »noch warm« (S. 43), als der Gutsherr sein Zimmer betritt. Es ist auch unklar, warum er Johannes mitnimmt, der die Flucht nur erschwert. Doch wer versucht, das Verhalten Friedrichs nach der Demütigung durch Aaron rational oder psychologisch zu erklären, wird scheitern, weil es der Autorin nicht darauf anzukommen scheint, und sie wohl bewusst widersprüchliche Hinweise liefert. Friedrichs Ende ist schicksalhaft und nur durch das Eingreifen einer überirdischen Macht zu erklären, die die Sühne seines Verbrechens einfordert. Das Motiv der Sühne durch eine überirdische Gerechtigkeit kommt bei der Autorin immer wieder vor, z. B. in der Ballade *Die Vergeltung*.

■ Friedrichs Handlungsweise nicht schlüssig erklärbar

Nach schweren Jahren in der Fremde zieht es ihn in seine Heimat zurück, allerdings verbirgt er seine wahre Identität.

Der Selbstmord nach seiner Rückkehr geschieht wie unter einem inneren Zwang. Das Zerbrechen des Löffels kann als Symbol für den Ich-Verlust gedeutet werden. Friedrich Mergel definiert seine Persönlichkeit allein über das Ansehen in der Gesellschaft. Typisch für ihn ist damit auch das Ende auf dem Schindanger. Es ist Ausdruck der allgemeinen Ächtung, die sein Leben begleitet.

■ Ende wie unter Zwang

Theologische Interpretation

Friedrich Mergel verkörpert exemplarisch den Sündenweg des Menschen und die Folgen einer immer tieferen Verstrickung in das Böse. Die Droste will mit ihrem Werk auch das Zerstörungswerk der Aufklärung aufzeigen. Die neutestamentliche Botschaft der Barmherzigkeit in den Eingangsversen der Novelle, auf die es ihr vor allem ankommt, erreicht zu ihrem Bedauern den modernen Menschen oft nicht mehr.

Exemplarischer Sündenweg Friedrich Mergels

Annette von Droste-Hülshoff sieht das Böse als Frucht der Sünde des Menschen. Durch die Erbsünde steckt im Menschen grundsätzlich die Anlage zum Bösen. Die Belastung Friedrich Mergels durch Vererbung und Milieu kann als Sinnbild für die Belastung des Menschen mit der Erbsünde verstanden werden. Friedrich wächst in einer Gegend auf, in der »Holz- und Jagdfrevel« »an der Tagesordnung« (S. 4) waren. Sein Heimatort »galt für die hochmütigste, schlauste und kühnste Gemeinde des ganzen Fürstentums« (S. 4), wo in besonderem Maße »die Begriffe der Einwohner von Recht und Unrecht einigermaßen in Verwirrung geraten« (S. 3) waren. Dazu kommt noch die persönliche Vorbelastung durch eine Familie, in der »viel Unordnung und böse Wirtschaft im Spiel« (S. 6) war.

Belastung durch Milieu und Familie

Mit seinem unbändigen Ehrgeiz und seinem Hang zum Großtun verfällt Friedrich der Ursünde der »superbia«, dem Hochmut. Beide Morde sind als Folge von Friedrichs verletztem Stolz zu erklären. Er litt un-

»Hang zum Großtun« und verletzter Stolz

ter der Zurücksetzung durch andere und darunter, dass sein Vater zum Gespenst des Brederholzes geworden war und er »›von andern Knaben Vieles darüber hören« musste, »dann heulte er, schlug um sich, stach auch einmal mit seinem Messerchen und wurde bei dieser Gelegenheit jämmerlich geprügelt« (S. 11). Weil ihm die Anerkennung verweigert wurde, zog er sich von seinen Altersgenossen zurück und galt als »tückisch und verschlossen« (S. 13).

Die »Adoption« durch den Ohm kann als Teufelspakt interpretiert werden. Nicht ohne Grund trägt der Onkel den Namen des Vaters von Judas Iskariot. So wie Judas im Johannes-Evangelium als Dieb eingestuft wird, geht es Simon nur um finanzielle Vorteile. Moralische Skrupel hat er nicht. Er hat mit einem Meineid die Vaterschaft von Johannes Niemand geleugnet. Dass sich Friedrich den frommen Gewohnheiten der Mutter entzieht, nimmt er mit Wohlwollen wahr.

Er braucht Friedrich als Gehilfen für seine bösen Pläne. Das Auftreten der Blaukittel, die von Simon angeführt werden, wäre dann ein Zeichen für das entfesselte Böse.

■ Mord als Höhepunkt des entfesselten Bösen

Nach dem Mord am Förster Brandis will Friedrich zur Beichte gehen, weil ihn sein schlechtes Gewissen plagt. »›Ich habe schwere Schuld‹, seufzte Friedrich, ›dass ich ihn den unrechten Weg geschickt – obgleich – doch, dies hab ich nicht gedacht, nein, gewiss nicht. Ohm, ich habe Euch ein schweres Gewissen zu danken‹« (S. 34). Dadurch dass der Verführer Simon den Beichtgang verhindert, verbaut er Friedrich den

Weg aus der Sünde. Er zitiert dabei zwar die Bibel, zitiert sie aber bewusst falsch. Am Ende des Gesprächs wird Friedrich als unschlüssig beschrieben, hört aber doch auf die Einflüsterungen Simons, die er ihm »mit bebender Stimme« (S. 34) nahegebracht hat. Friedrich bleibt im Machtbereich des Bösen.

Verhinderter Beichtgang verhindert mögliche Umkehr

Nach dem Judenmord ist an Friedrich keinerlei wirkliche Reue mehr festzustellen. Die Autorin erlaubt zwar keinen Blick ins Innere des Täters. Doch die Beschreibung der Flucht bei der Rückkehr Friedrichs lässt nur ein Motiv erkennen, nämlich der irdischen Gerechtigkeit zu entkommen. Der Mord ist ein furchtbarer Verstoß gegen das Gebot Gottes und verlangt Sühne. Das Böse kehrt sich nun gegen ihn, aus dem Menschen mit dem hochfahrenden Wesen wird wieder eine armselige Figur.

Sühne für den Verstoß gegen Gottes Ordnung

Der furchtbare Sturm, der tobt, als Friedrichs Verbrechen aufgedeckt wird, kann als äußeres Zeichen dafür interpretiert werden, dass die göttliche Ordnung grob missachtet worden ist. Die Worte aus dem Evangelium, die die Frau des Gutsherrn spricht, werden durch einen grässlichen Donnerschlag unterbrochen, kurz bevor der schwere Verstoß gegen Gottes Gebot ans Licht kommt:

> »›Kommt wir wollen das Evangelium Johannis beten.‹ Alles kniete nieder und die Hausfrau begann: ›Im Anfang war das Wort und das Wort war bei Gott und Gott war das Wort.‹ Ein furchtbarerer Donnerschlag. Alle fuhren zusammen […].« (S. 41)

Buche als Symbol für Sühne und Gerechtigkeit

Das Racheverlangen und auch die Inschrift am Baum entsprechen dem alttestamentlichen Verständnis von Gerechtigkeit. Nichts anderes will Aarons Frau, als sie zum Gutsherrn kommt: »›Gerechtigkeit! mein Mann ist erschlagen!‹« (S. 41) Gerechtigkeit will auch die jüdische Gemeinde, als sie die geheimnisvolle Schrift an der Buche anbringt. Die Buche wird damit zu einem Symbol der unerbittlichen Sühne und Gerechtigkeit.

Aus der Gnadengemeinschaft ausgestoßen

Friedrich kehrt zwar an Weihnachten zurück, aber die Gnade Gottes, die dadurch deutlich wird, dass Gottes Sohn in die Welt gekommen ist, kann ihn nicht mehr erreichen. Er kann in den weihnachtlichen Gesang nicht einstimmen. Er »versuchte mit zitternder Stimme einzufallen; es ward nur ein lautes Schluchzen daraus, und schwere, heiße Tropfen fielen in den Schnee« (S. 48). Das Zerstörungswerk des Bösen ist nicht aufzuhalten, der Mord muss gesühnt werden: Auch wenn der Heimkehrer sich dagegen wehrt, der Ort des Verbrechens zieht ihn unwiderstehlich an. Er nimmt weite Umwege auf sich, um nicht durchs Brederholz gehen zu müssen. Zeugen berichten »er habe auffallend verstört ausgesehen und unaufhörlich leise mit sich selber geredet, was er auch sonst mitunter tat, aber selten. Endlich kam er eines Abends nicht nach Hause« (S. 54). Es hat ihn ins Brederholz gezogen.

Selbstmord als Sühne für das Verbrechen

Friedrichs Selbstmord ist dann die letzte Konsequenz seines Bündnisses mit dem Bösen. Ihm ergeht es wie Judas, der ähnlich wie Kain von keiner irdischen Gerechtigkeit mehr erreicht werden kann. Die Narbe, die dem Gutsherrn als Erkennungszeichen dient und über deren Herkunft nichts ausgesagt wird, kann als Kainsmal, als Zeichen ungesühnter Schuld verstanden werden.

Darum ist es nur folgerichtig, dass Friedrich auf dem Schindanger verscharrt und damit aus der christlichen Gemeinschaft ausgeschlossen wird. Da dies bei der realen Quelle der Autorin nicht der Fall war – Hermann Winkelhannes wurde christlich begraben –, muss diesem Hinweis besondere Bedeutung beigemessen werden.

Ausschluss des Sünders aus der Gemeinschaft

Das Verscharren Friedrichs auf dem Schindanger zeigt auch die Unfähigkeit des Dorfes, einen vom Schicksal Gezeichneten wirklich aufzunehmen. Dies kann als Kritik verstanden werden, obwohl die Gutsherrschaft mit dem erbärmlichen Heimkehrer Mitleid hat und sich fürsorglich um sein äußeres Wohl kümmert.

Die Rolle der Natur

Die Autorin will verdeutlichen, dass die Schönheit sowie die Urwüchsigkeit der Gebirgs- und Waldlandschaft Westfalens die Menschen und ihr Schicksal prägt. Gleich am Anfang wird das Dorf B. vorgestellt, »das, so schlecht gebaut und rauchig es sein mag, doch das Auge jedes Reisenden fesselt durch die überaus malerische Schönheit seiner Lage in der grünen Waldschlucht eines bedeutenden und geschichtlich merkwürdigen Gebirges« (S. 3). »Seine Lage inmitten tiefer und stolzer Waldeinsamkeit mochte schon früh den angeborenen Starrsinn der Gemüter nähren« (S. 4), hat also eine Bedeutung für das Denken und Handeln der dort lebenden Menschen. Die Natur ist in auffälliger Weise in die Handlung einbezogen und steht in einer unmittelbaren Beziehung zu der Schuld und dem Unglück der Menschen in der Novelle. Die bedeutendste Rolle spielt dabei das Brederholz, und zwar fast immer in der Nacht.

■ Brederholz als Schicksalsort

Die erste dieser Schicksalsnächte schildert den Tod von Friedrichs Vater. Es war eine »harte, stürmische Winternacht«; »dichtes Schneegestöber«, die »Windsbraut« (S. 8) und »das Toben des Sturms« (S. 9) lassen die Angst um den Vater wachsen. Wegen des Redens vom Teufel, der den Vater festhält und der auf den jungen Friedrich vor der Tür wartet (S. 8), und dank der Vergleiche »wie ein Kobold« (S. 8) und »wie eine Schlange« (S. 8) wirkt die Atmosphäre auch ein wenig gespenstisch. Nach dem Tod des Vaters im Brederholz wird dieser Wald zu einem unheimlichen Ort, wo einem der alte Mergel als »Gespenst des Brederholzes« (S. 11) begegnen konnte.

■ Gespenstische Atmosphäre beim Tod des Vaters

Es hat symbolische Bedeutung, dass Simon Semmler, der für das Dunkle und Böse steht, Friedrich ins Brederholz führt und an den Tod des Vaters erinnert, als er ihn in seine Dienste nimmt. Sie sprechen erst dort miteinander, wo das Brederholz »einen sehr dunkeln Grund ausfüllt« (S. 15). Der wichtigste Teil des Gesprächs wird dabei nicht in heiler, unberührter Natur geführt, sondern in einer zerstörten Landschaft: »Der Mond schien klar hinein und zeigte, dass hier noch vor Kurzem die Axt unbarmherzig gewütet hatte. Überall ragten Baumstümpfe hervor, manche mehrere Fuß über der Erde, wie sie gerade in der Eile am bequemsten zu durchschneiden gewesen waren; die verpönte Arbeit musste unversehens unterbrochen worden sein, denn eine Buche lag quer über dem Pfad, in vollem Laube, ihre Zweige hoch über sich streckend und im Nachtwinde mit den noch frischen Blättern zitternd« (S. 16). Dies kann als Vorausdeutung darauf gedeutet werden, dass Friedrich Simon beim Waldfrevel unterstützen wird und dass sein junges Leben durch die Begegnung mit Simon zerstört werden wird.

Zerstörte Landschaft als Vorausdeutung auf Friedrichs Lebensweg

Das Gespräch zwischen Friedrich und dem Förster Brandis findet ebenfalls bei Mondlicht statt, aber hier ist der Eindruck des Zwielichtigen noch stärker, denn »im Osten zeigte sich bereits ein schmaler gelber Streif« (S. 23) und »Es fing bereits stark zu dämmern an« (S. 24). Als die beiden allein miteinander sprechen, gibt sich Friedrich als jemand, der das Licht des Tages nicht zu scheuen braucht: »Könnt Ihr sagen, dass ich je einen Baum in Eurem Revier gefällt habe?« (S. 26). In Wirklichkeit schickt er ihn aber ins Verderben. Das weiß er auch, denn später sagt er: »Ich habe schwere Schuld [...], dass ich ihn den unrechten Weg geschickt« (S. 34).

Gespräch mit dem Förster im Zwielicht

Gleich nach dem Hochzeitsfest wird eine gespenstische Atmosphäre aufgebaut, die als Vorausdeutung

Gespenstererscheinung als Vorausdeutung auf ein furchtbares Ereignis

schlimmer Ereignisse verstanden werden kann. Als der Gutsherr zu Hause angekommen war, »fand er die Hausflur vom ganzen Dienstpersonal eingenommen, das zwei Kleinknechte umstand, welche sich blass und atemlos auf der Stiege niedergelassen hatten. Sie behaupteten, von des alten Mergels Geist verfolgt worden zu sein, als sie durchs Brederholz heimkehrten. Zuerst hatte es über ihnen an der Höhe gerauscht und geknistert; darauf hoch in der Luft ein Geklapper wie von aneinandergeschlagenen Stöcken; plötzlich ein gellender Schrei« (S. 40). Möglicherweise hören die beiden Aarons Todesschrei.

Mord bringt die Natur in Aufruhr

Als drei Tage später der Mord am Juden Aaron entdeckt wird, ist die Natur in besonderem Aufruhr, viermal wird in diesem Abschnitt das Adjektiv »furchtbar« verwendet (S. 40 f.). Außerdem wird noch die Zeitangabe »Mitternacht« ergänzt, nachdem kurz zuvor von »Hexen- und Geisterspuck« gesprochen worden war (S. 40). Gefunden wurde der Ermordete, nachdem seine Frau »im Brederholz vom Gewitter überfallen worden« (S. 42) war und Schutz gesucht hatte.

Die Inschrift an der Buche wird ebenfalls am Abend angebracht. Sechzig Juden mit ihrem Rabbiner an der Spitze ziehen ins Brederholz, von wo sie dann »ernst und feierlich« (S. 46) zurückkehrten.

Aufdeckung der Wahrheit im hellen Tageslicht

Die Entdeckung der Leiche ist die einzige Naturszene, die sich bei Tag abspielt, denn hier wird nun enthüllt, was bisher verborgen war. Allerdings wirkt es so, als ob das Brederholz das Geheimnis nicht so leicht preisgeben möchte. »Wenn nur das verdammte Buschwerk nicht so dicht wäre! da kann keine Seele hindurch« (S. 55), klagt der Gutsherr.

Die folgende Abbildung fasst noch einmal zusammen, welche Naturszenen von der Autorin bewusst unheimlich gestaltet wurden, weil sie mit Gewalt, Verführung, Lüge und Sühne verbunden sind:

Die Rolle der Natur

Brederholz (meist bei Nacht)	→	Schuld und Unglück in der Menschenwelt
stürmische Gewitternacht	→	Tod Hermann Mergels
zerstörte Waldlandschaft im Mondschein	→	Gespräch zwischen Simon und Friedrich
Waldlandschaft in der Morgendämmerung	→	Gespräch zwischen dem Förster und Friedrich
furchtbarer Sturm	→	Mord an dem Juden Aaron
Judenbuche mit ihrer Inschrift	→	Selbstmord Friedrichs
unheimliche Naturszenen	→	Gewalt, Verführung, Lüge und Sühne

Abb. 11: Übersicht zur Naturmetaphorik

Sprache

Die Sprache der *Judenbuche* ist eher unspektakulär, denn stilistische Mittel werden von der Dichterin nur recht unauffällig eingesetzt. Folgende Auffälligkeiten sind allerdings bemerkenswert:

Manchmal wirkt der Stil so, als ob fast chronikartig Daten und Fakten wiedergegeben werden. Dieser Eindruck entsteht vor allem, wenn konkrete Daten genannt werden. Man findet aber auch viele Aussagen, die die Möglichkeit offenlassen, ob das Gesagte wahr ist. Gern gebraucht die Autorin das Indefinitpronomen »man« und lässt damit im Verborgenen, woher die jeweilige Information stammt: »man meinte sogar, er sei seit der Geburt des Knaben ordentlicher geworden« (S. 7). Mit dieser und ähnlichen Formulierungen lässt sie auch offen, wie verlässlich ihre Quellen oder ihre Aussagen sind. Dazu einige weitere Beispiele: »er schien der Trostmittel immer bedürftiger« (S. 6), »Am Abend vor der Hochzeit soll sie gesagt haben« (S. 7), »Es hieß, an diesem Tage habe Mergel zuerst Hand an sie gelegt« (S. 7), »wo er, wie man sagt, blau und fürchterlich ausgesehen haben soll« (S. 11), »und überall als seine rechte Hand galt« (S. 21), »Manche meinten, ihr Kopf habe gelitten« (S. 35).

■ Formulierungen, die den Wahrheitsgehalt offen lassen

Die Droste benutzt kaum Adjektive, deshalb sind die wenigen, die auf Friedrich angewendet werden, umso gewichtiger, denn fast alle stammen aus dem Wortfeld »arm«. Friedrichs Armut ist ein wesentlicher Faktor, um seine Handlungsweisen zu erklären.

■ Adjektive aus dem Wortfeld »arm«

Häufig fallen Wiederholungen von Adjektiven und Adverbien auf, z.B. das mehrmalige »furchtbar« (S. 40 f.) bei der Entdeckung des Mordes.

Vergleiche und Symbole aus der Tierwelt

Die Autorin verwendet immer wieder Vergleiche und Symbole aus der Tierwelt. Beim Holzfrevel geht der Ortsvorsteher als »Leitbock« (S. 5) voran. Als Friedrich und seine Mutter auf den heimkehrenden Vater warten, zischte der Wind »wie eine Schlange durch die Fensterritze« (S. 8). In der christlichen Symbolik ist die Schlange eng mit dem Bösen und der Verführung verbunden. Friedrichs Ohm Simon wird mit einem Raubfisch verglichen: »Simon Semmler war ein kleiner, unruhiger, magerer Mann mit vor dem Kopf liegenden Fischaugen und überhaupt einem Gesicht wie ein Hecht« (S. 12). Dass Friedrich von Simon negativ geprägt wird, wird auch dadurch deutlich, dass Friedrich bei der Hochzeit auch als »Hecht« beschrieben wird, »der sich im Wasser überschlägt« (S. 37). Bevor er unter den Einfluss Simons kommt, wird er noch als »ein Junge wie 'n Reh« (S. 12), also als scheues, schutzbedürftiges Wesen bezeichnet. Die Reinheit des Herzens, die man mit einem Reh verbindet, geht jedoch im Laufe der Handlung verloren. Aus einem Tier, das gejagt wird, entwickelt sich ein Jäger. Friedrich verhält sich »wie ein Jagdhund« (S. 24), als er die Blaukittel vor den Förstern warnt. Zuvor wurde er von dem Förster massiv beleidigt, der will ihn »prügeln wie einen Hund« und ihn ins »Hundeloch« (S. 25) stecken. Der Wunsch des Försters wird dann in der Zeit der Sklaverei für Friedrich Wirklichkeit, wie er später in einem weiteren Vergleich deutlich macht, denn »die Türken halten uns Christen nicht besser als Hunde« (S. 52).

Aus dem scheuen Jungen wird ein junger Mann, der sich geradezu in den Mittelpunkt drängt: »Friedrich stolzierte umher wie ein Hahn, im neuen himmelblauen Rock, und machte sein Recht als erster Elegant geltend« (S. 36 f.).

Tiervergleiche finden sich noch an zwei anderen Stellen: Die Blaukittel »verheerten Alles wie die Wanderraupe« (S. 22), der Förster, der sie jagt, bewegt sich »geräuschlos wie ein Fuchs« (S. 26).

■ Farben zur Charakterisierung von Personen

Nicht nur Tiermetaphern, sondern auch Farben dienen der Charakterisierung. Die Farbe Rot etwa steht für aktive Lebensbejahung. Wenn das Dorf B. nach einem gelungenen Raubzug aus dem Wald zurückkehrt, erscheinen die »Gesichter glühend wie Erz« (S. 5). Die stark erröteten Gesichter lassen die Anspannung und die Begeisterung über den eigenen Erfolg erkennen. »Über Margreths vergrämtes Gesicht flog eine Flamme so rot wie Blut«, (S. 12) als sie hörte, wie ihr Bruder ihren Sohn lobte.

Die Farbe Weiß steht dagegen für Schrecken und Tod. Der Schreck über den Tod ihres Mannes lässt Margreth »weiß wie Kreide« (S. 9) werden. Auch Aarons Frau erscheint »bleich wie der Tod« (S. 41), als sie den Gutsherrn über den Tod ihres Mannes informiert. »Friedrich sah so blass aus wie ein Tuch« (S. 40), als er von Aaron öffentlich gedemütigt wird.

Auffällig ist auch das erneute Aufgreifen von Beschreibungen, um eine Entwicklung zu verdeutlichen. Bei der Hochzeitsfeier wird Friedrichs »langes Flachshaar« (S. 37) hervorgehoben. Bei der Heimkehr trägt er sein Haar immer noch lang, es ist aber nicht mehr blond, sondern schneeweiß geworden (S. 49).

Syntax mit überwiegend Hauptsätzen

Wenn man sich die Syntax genauer ansieht, fällt auf, dass die Autorin vor allem Hauptsätze verwendet. Auch wenn sie längere Sätze formuliert, bleibt der Satzbau übersichtlich, weil sie ihre Sätze nicht verschachtelt. Dazu ein typisches Beispiel: »Es war sieben Uhr abends und Alles in vollem Gange; Jubel und Gelächter an allen Enden, die niedern Stuben zum Ersticken angefüllt mit blauen, roten und gelben Gestalten, gleich Pfandställen, in denen eine zu große Herde eingepfercht ist« (S. 36). Sie beginnt also mit einem Haupt- und endet mit einem Nebensatz. Dazwischen finden sich drei elliptische Verkürzungen von Hauptsätzen, die zugleich den Eindruck erwecken, dass überall so viel zu beobachten ist, dass nur Zeit für schlaglichtartige Beobachtungen bleibt.

7. Autorin und Zeit

Kurzbiographie

1797 Geburt der Anna Elisabeth Freiin Droste zu Hülshoff, genannt Annette, im Wasserschloss Hülshoff bei Münster in Westfalen als zweites von vier Kindern, sie wird von der Mutter und einigen Hauslehrern erzogen.

1804 Früheste erhaltene Verse.

1805 Erste Reise zu den Großeltern nach Bökendorf.

1810 Ein Auftritt in einer Theateraufführung im Hohenholter Damenstift zeigt ihr schauspielerisches Talent.

1813 Sommer in Bökendorf, erste Informationen für *Die Judenbuche.*

1815 Schwere Erkrankung. Immer wieder machen lange Erkrankungen literarisches Arbeiten fast unmöglich.

1818 Sommer in Bökendorf. Reise nach Kassel.

1819 Erneuter Aufenthalt in Bökendorf, erstmals ohne Eltern.

1820 In Höxter gibt sie ihr erstes Konzert als Sängerin. Ihre Stimme soll so gut gewesen sein wie die der besten Sängerinnen ihrer Zeit.

Nach dem Ende der Liebesbeziehung mit Heinrich Straube, bei der sie Opfer einer Intrige wurde, kehrt sie nach Hülshoff zurück und durchleidet eine schwere seelische Krise. Diese »Jugendkatastrophe« führt dazu, dass sie fast

Abb. 12: Annette von Droste-Hülshoff.
Gemälde von Johann Joseph Sprick, 1838

zwanzig Jahre lang nicht mehr nach Bökendorf kommt.

1821 Annette bekommt von einem Onkel die Ausgabe einer Kompositionslehre geschenkt und beginnt selbst zu komponieren, 74 Lieder und mehrere Opernentwürfe sind erhalten.

1822 Im Sauerland (bis 1824).

1825 Aufenthalt am Rhein.

1826 Nach dem Tod des Vaters Umzug von Hülshoff ins Rüschhaus bei Münster, wo sie ein zurückgezogenes Leben führt.

1828 Aufenthalt am Rhein.

1829 Erneute schwere Erkrankung nach dem Tod des Bruders Ferdinand.

1830 Aufenthalt in Bonn (bis 1831).

1834 Reise in die Niederlande.

1835 Reise in die Schweiz.

1836 Aufenthalt in Bonn (bis 1837).

1838 Erneuter Aufenthalt in Bökendorf.
Beginn des Kontaktes und der Liebe zu Levin Schücking.

1839 Aufenthalt in Bökendorf während der Sommermonate.

1841 Erster Aufenthalt am Bodensee. Nach einer Wette mit Schücking verpflichtet sich die Droste, jeden Tag ein Gedicht zu schreiben.

1843 Nach mehreren Aufenthalten kauft sich die Droste für 400 Reichstaler in Meersburg ein Haus.

1846 Schwere Erkrankung. Umzug nach Meersburg.

1848 Tod in Meersburg.

Werktabelle

1813 *Bertha oder die Alpen* (Dramenfragment).
1818 *Walther* (Versepos).
1821 *Ledwina* (Romanfragment).
1833 *Das Hospiz auf dem Großen St. Bernhard* (Epos).
1834 *Des Arztes Vermächtnis* (Versepos).
1837 *Die Schlacht im Loener Bruch* (Versepos).
1838 *Gedichte der Annette Elisabeth von D... H...* Dieser erste Gedichtband wird ein Misserfolg, von 400 gedruckten Exemplaren werden nur 74 Exemplare verkauft.
1840 *Geistliches Jahr.*
Perdu oder Dichter, Verleger und Blaustrümpfe (Lustspiel).
1842 *Die Judenbuche* (Erzählung), *Bei uns zulande auf dem Lande* (Fragment eines Westfalen-Romans).
Westfälische Schilderungen.
Spiritus familiaris (Verserzählung).
1844 Gesamtausgabe der Gedichte.
1845 *Westfälische Schilderungen.*

Einordnung der Autorin und des Werks in die Literaturgeschichte

Zeit des Biedermeier

Annette von Droste-Hülshoff schrieb in der Zeit des Biedermeier. Typisch für die Epoche des Biedermeier (ca. 1815 bis 1848) ist der Wunsch nach dem stillen Glück im Winkel, abseits von der großen Welt. Als

Ideale gelten die idyllische Einsamkeit, der innere Frieden, die Gemütsruhe sowie Bescheidenheit. Geographisches Zentrum des Biedermeier war Österreich, vor allem dank solcher Autoren wie Ferdinand Raimund (1790–1836), Franz Grillparzer (1791–1872), Johann Nestroy (1801–1862) und Adalbert Stifter (1805–1868). Außerhalb Österreichs wären Eduard Mörike (1804–1875), der für Schwaben steht, sowie Annette von Droste-Hülshoff, die fest in ihrer Heimat Westfalen verwurzelt ist, zu nennen. Gerade die Bezogenheit auf einen vertrauten heimatlichen Raum ist typisch für eine literarische Richtung, der es mehr um menschliche als um gesellschaftlich-politische Probleme geht.

■ Merkmale des Biedermeier in der *Judenbuche*

Es ist also ganz typisch für die Zeit des Biedermeier, dass das »Ländchen«, wo die ganze Handlung spielt, als »einer jener abgeschlossenen Erdwinkel« bezeichnet wird, als »Fleck, wie es deren sonst so viele in Deutschland gab, mit all den Mängeln und Tugenden, all der Originalität und Beschränktheit, wie sie nur in solchen Zuständen gedeihen« (S. 3). Gesellschaftlicher Rahmen ist die vorindustrielle Ständegesellschaft, in der noch ein Gutsherr das Sagen hat und polizeiliche Aufgaben wahrnimmt.

Das sittliche Gesetz hat im Biedermeier einen hohen Stellenwert, erscheint aber gefährdet. Das Individuum ist dabei sowohl durch die Umwelt als auch durch innere Leidenschaft bedroht. Auch dies kann man bei der *Judenbuche* beobachten, denn mit psychologischem Feingefühl wird Friedrichs innere

Entwicklung vor dem Hintergrund seines sozialen Milieus erklärt. Es wird gezeigt, warum eine Person nicht den gesellschaftlichen Ort erreicht, den sie anstrebt.

Die Judenbuche weist damit aber auch unverkennbar realistische Züge auf, denn der Charakter des Helden wird aufgrund seiner Anlagen, seiner familiären Prägung und der gesellschaftlichen Umstände, in denen er lebt, entwickelt. Auch die Naturbeschreibungen leben nicht mehr von den typischen romantischen Motiven, die immer dann eingesetzt werden, wenn bestimmte Stimmungen hervorgerufen werden sollen, egal wo sich die Figur gerade befindet. In der romantischen Landschaft spiegelt sich oft die seelische Lage der beschriebenen Person wider. In der *Judenbuche* wird dagegen schon eine konkrete Landschaft dargestellt, die sich geographisch genau verorten lässt und nicht austauschbar ist, nämlich die Landschaft der westfälischen Heimat der Autorin.

■ Realistische Züge in der *Judenbuche*

Zum poetischen Realismus kann man die Novelle aber noch nicht zählen. Das lässt sich vor allem durch eine Reihe von Rätselhaftigkeiten oder symbolhaften Konstruktionen begründen, die sich ein Autor des poetischen Realismus nicht zugestanden hätte. Als Beleg dafür kann man Folgendes anführen:

■ Symbolhafte Elemente in der *Judenbuche*

Dass Friedrich auf die eilige Flucht den schwerfälligen Johannes mitnimmt, kann nur erklärt werden, wenn man Johannes als zweite Verkörperung Friedrichs ansieht. Das Doppelgängermotiv spielt im poetischen Realismus keine Rolle, wohl aber häufig in der Romantik, z.B. in den Werken von E.T.A. Hoffmann.

Magisch-religiöse Elemente

Es ist unklar, wie sich ein gebrechlicher alter Mann im Baum aufhängen kann, aber die Idee der Gerechtigkeit verlangt Sühne am Tatort. Die psychologische Erfahrung, dass der Täter zum Tatort zurückkehrt, wird ins Magische gesteigert. Die Inschrift im Baum zieht den Täter ohne sein Wissen zurück. Er umkreist den Baum erst im großen Bogen, bis dieser ihn immer enger an sich zieht. »Es schien, er hatte sich immer um das Brederholz herumgetrieben« (S. 55).

Der Selbstmord geschieht etwa zur gleichen Jahreszeit wie der Judenmord, nämlich im Herbst. Die Zeit des gewaltsamen Sterbens in der Natur deutet wohl Mergels Schicksal voraus.

Die Narbe als Kainsmal kann nur im geistlichen Sinn als Zeichen ungebüßter Schuld verstanden werden, denn es gibt im Text keinerlei realistische Erklärung für die Narbe, an der der Gutsherr Friedrich Mergel erkennt.

Abergläubische Elemente

Der Aberglaube der Zeit und Gegend wird in die Novelle eingearbeitet. Der Vater stirbt am Dreikönigstag, der letzten Nacht der dunkelsten Tage des Jahres, in der Zeit, die 1930 von Ernst Bußmann in seinem Aufsatz *Niederdeutsche Bräuche in den Zwölften* als »rechte Zeit für Zauber und Geister aller Art« bezeichnet wurde. Außerdem taucht das Motiv des Wiedergängers auf, der als ruhelose Seele in feuriger Gestalt erscheint. Wer ohne Buße und Absolution einen »schlechten« oder vorzeitigen Tod stirbt, kann zum Wiedergänger werden.

Die Droste hatte eine Vorliebe für Spukhaftes und Gespenstisches, wie ihre Gedichte und ihre Briefe zeigen. Im dritten Kapitel ihrer *Bilder aus Westfalen* wird das als typisch für die heimische Landschaft angesehen: »Der Münsterländer ist überhaupt sehr abergläubisch, sein Aberglaube aber so harmlos wie er selber. Von Zauberkünsten weiß er nichts, von Hexen und bösen Geistern wenig, obwohl er sich sehr vor dem Teufel fürchtet, jedoch meint, dass dieser wenig Veranlassung finde, im Münsterlande umzugehen. [...] Wir haben den Münsterländer früher furchtsam genannt, dennoch erträgt er den eben berührten Verkehr mit der übersinnlichen Welt mit vieler Ruhe [...].« Wer *Die Judenbuche* richtig interpretieren will, darf also nicht nur mit den heutigen rationalen Maßstäben und Denkweisen an das Werk herangehen.

8. Rezeption

Wichtig für die Autorin war vor allem, dass *Die Judenbuche* in ihrer westfälischen Heimat Anerkennung fand. Dies wurde möglich, weil nach dem Erstdruck im *Morgenblatt für gebildete Leser* noch im Herbst des gleichen Jahres 1842 die Novelle vom *Westfälischen Anzeiger* nachgedruckt wurde, was zur Folge hatte, dass auch Drostes anderen Dichtungen von ihren Landsleuten wahrgenommen wurden. Sie freute sich, dass die Novelle ihre »sämtlichen Gegner« »zum Übertritt bewogen« habe. Sogar ihre Mutter fange an, »ganz stolz« auf sie »zu werden« (Brief an Levin Schücking vom 17. 11. 1842).

Vom breiten Lesepublikum wurde *Die Judenbuche* von Anfang an mit Begeisterung aufgenommen. Die Resonanz bei der Literaturkritik war dagegen sehr schwach. Anscheinend hat es nur eine einzige zeitgenössische Rezension gegeben, und zwar in der »Revue«, einem Beiblatt der Dresdener *Abend-Zeitung* vom 15. Juni 1842. Das Urteil der Autorenkollegen und Kritiker war lange Zeit eher gemischt.

■ Anfangs kaum Resonanz der *Judenbuche* bei der Literaturkritik

Adele Schopenhauer, die Schwester des berühmten Philosophen Arthur Schopenhauer, bezeichnete etwa *Die Judenbuche* 1842 als »überaus schön«, »die Details sind wunderbar wahr und schön gegeben« (Brief an Levin Schücking vom 15. 11. 1842), aber die Hauptmomente treten ihrer Ansicht nach nicht genügend hervor.

1859 bescheinigte der einflussreiche Literaturkritiker Julian Schmidt der Dichterin in einer Rezension, die in der Zeitschrift *Die Grenzboten* erschien, ein Talent, das sie »unsern besten Erzählern an die Seite stellt«. Alle »Figuren reden, denken und handeln, wie sie in der Wirklichkeit reden«. Das »Entsetzliche und Humoristische, Grauen und Ironie« seien meisterlich ineinander verwoben. Allerdings wird von ihm auch bemängelt, dass viele Handlungsumstände und Zusammenhänge im Dunkeln bleiben. Außerdem wird eine »leitende Idee«, eine »Notwendigkeit des Schicksals« vermisst, die das entsetzliche Grauen in einen Sinnzusammenhang stellt. Die Novelle sei weitgehend von einem prosaischen Realismus geprägt, dem die poetische Verklärung fehle.

Entsprechend dem Geschmack der Zeit deuteten die Literaturkritiker Hermann Marggraff und Wolfgang Menzel etwa im gleichen Jahr die Novelle als Dorfgeschichte.

Lob von Autorenkollegen

Der russische Autor Iwan Turgenjew wiederum äußerte 1869 in einem Brief an Ludwig Friedländer, dass die Novelle durch ihre »grelle Anschaulichkeit« »großen Eindruck« auf ihn gemacht habe. Am Ende werde man aber nicht recht klug aus der ganzen Geschichte.

Ein Jahr später, 1870, erklärte Drostes Dichterkollege Theodor Storm, dass er im Blick auf die *Judenbuche* auf die »Seite des kleinen bescheidenen Mannes« trete. Von allen dichtenden Frauen sei die Droste für ihn die »respektabelste poetische Kraft«.

Theodor Fontane will der *Judenbuche* in einem Brief von 1890 an Richard Schöne »nicht gerade den ersten Rang einräumen«. Er begründet dies vor allem damit, dass die Novelle eigentlich zwei Geschichten beinhalte, die des Onkels und die des Juden Aaron, und somit nicht überzeugend komponiert sei.

Paul Heyse, der das Werk in die damals äußerst beliebte und verbreitete Sammlung *Der Deutsche Novellenschatz* (1871–76) aufnahm, bezeichnete es dagegen als »Kleinod« und lobte die Einfachheit des Lebensbildes, das trotz der »Frische und Farbigkeit der Charakteristik« entstanden sei.

■ Aufnahme der *Judenbuche* in den *Deutschen Novellenschatz*

Erst mit der Aufnahme in den *Novellenschatz* wurde *Die Judenbuche* zu einem großen Erfolg. Insgesamt kamen im Lauf der Jahrzehnte weit mehr als hundert Einzelveröffentlichungen auf den Markt. *Die Judenbuche* wurde in alle wichtigen europäischen Sprachen, aber auch ins Japanische übersetzt.

■ Im »Kulturkampf« zur katholischen Volksschriftstellerin gemacht

In der Zeit des Kulturkampfs, dem Konflikt zwischen dem protestantisch geprägten Deutschen Kaiserreich und der römisch-katholischen Kirche, wurde die Droste als katholische Volksschriftstellerin instrumentalisiert. Das *Sonntags-Blatt für katholische Christen* veröffentlichte 1879 eine gereinigte Version der *Judenbuche*, bei der alle irgendwie derben Ausdrücke verändert wurden. Das konnte dem Werk aber nicht mehr schaden.

■ Höchstes Lob von unterschiedlichen Seiten

Seit Paul Heyse wird der *Judenbuche* fast nur noch uneingeschränktes Lob entgegengebracht. Der Autor Paul Ernst beispielsweise zählte sie 1904 zu den »hervorragendsten Erzeugnissen unserer nicht sehr reichen Novellenliteratur«.

Der Dichter und Literaturwissenschaftler Friedrich Gundolf betonte die Verwandtschaft der Novelle mit der Schicksalsdramatik. Das Geheimnisvolle, das den Menschen zum Opfer unkontrollierbarer Prozesse mache – dies ist für ihn die zentrale Aussage des Werks.

Die Schriftstellerin Ricarda Huch stellte 1932 fest, dass kaum ein Werk der Droste so deutlich Zeugnis von der »Meisterschaft ihrer Kunst« ablege. Die Handlung schreite fest und sicher fort, werde großartig gesteigert, bis sie sich in tragische Akkorde auflöse. An den überzeugend gestalteten Charakteren wäre vor allem bewundernswert, dass das Abstoßende und das Anziehende gemischt seien und sie trotzdem »tiefstes Mitgefühl« auslösten.

Der Germanist Emil Staiger betonte in seiner Doktorarbeit von 1933, die Drostes Gesamtwerk zum Gegenstand hatte, vor allem das mythische Walten des Bösen. Die Novelle kenne weder Gnade noch Barmherzigkeit, es herrsche die alttestamentliche Härte.

Im Jahr 1948 äußerte der Dichter Rudolf Alexander Schröder die Meinung, dass die Dichterin aus dem Stoff alles herausgeholt habe, was herauszuholen war. Sie habe »traumwandelnd den Gipfel einer Kunst« erreicht, das »klassische Muster einer Novelle geformt«. Die Geschichte sei zugleich ein anekdotischer Sonderfall und ein Gleichnis menschlichen Daseins. Jedes Wort sitze wie ein Hammerschlag – keines sei zu wenig und keines zu viel.

Im gleichen Jahr äußerte sich der Schriftsteller

Reinhold Schneider ebenfalls nur positiv und bezeichnete *Die Judenbuche* als einen »Wurf ohnegleichen«.

Der Germanist Benno von Wiese deutete die Novelle 1953/54 als sozialpsychologische Studie, in der das Symbolische eine besondere Bedeutung habe.

■ Entwicklung spezieller Deutungsansätze

Sein Kollege Heinz Rölleke entwickelte 1968 einen theologischen Deutungsansatz. Für ihn ist Simon der teuflische Verführer. Friedrich, das Verführungsopfer, wird als ein Opfer der Sünde der »superbia« (des Hochmuts) gesehen. Er wird schuldig, zugleich scheitern alle seine Versuche, wieder in die Gemeinschaft aufgenommen zu werden. So wie Kain ist er ein Umhergetriebener, der keine Ruhe mehr findet, sich selbst umbringt und als Ausgestoßener auf dem Schindanger verscharrt wird.

Winfried Freund interpretierte die Novelle 1969 eher sozialpsychologisch und historisch. Für ihn steht der Konflikt zwischen dem Ich und dem sozialen Umfeld im Mittelpunkt. Er wendet sich auch gegen ein rein alttestamentliches Verständnis. Der Schluss der Novelle müsse im Zusammenhang mit den Anfangsversen gesehen werden, in denen ein neutestamentliches Gnadenangebot formuliert sei.

Clifford Bernd befasste sich 1974 vor allem mit erzähltheoretischen Aspekten. Auch wenn er im Verhüllen und Enthüllen das vorrangige Strukturprinzip sieht, verkörpert die Novelle für ihn einen realistischen Erzählansatz.

Gerhard Oppermann stellte *Die Judenbuche* 1976

wegen des Motivs der Narbe, deren Herkunft ja nicht erklärt wird, in die Tradition von Homers *Odyssee*.

Ronald Schneider bemühte sich im gleichen Jahr um eine Synthese dieser neueren Deutungsansätze. Spätere Interpretationen stellten vor allem die Problematik der sozialen Integration eines gefährdeten Individuums in den Mittelpunkt.

2008 versuchte ein weiterer Literaturwissenschaftler, Norbert Mecklenburg, nachzuweisen, dass Friedrich Mergel gar nicht der Mörder des Juden Aaron ist. Dies sei nur die ursprüngliche Intention gewesen, die dann im Lauf des Schreibprozesses verändert wurde. Trotz der unangenehm polemischen Argumentation darf man nicht übersehen, dass er die Ungereimtheiten und Widersprüche, die im Text angelegt sind, klar herausarbeitet. Da er aber alles, was in Richtung Religion, Mystik oder Schicksal geht, nur als »Begleitmusik«, aber als »niemals sinnbestimmend«[1] ansieht, muss er rein rational argumentieren und kann damit dem Werk nicht gerecht werden, weil wesentliche Elemente ausgeblendet werden. Seine Interpretationsansätze wirken oft spekulativ und werden nur durch gewagte und eigenwillige Textdeutungen gestützt. Wie schwach die Argumentation ist, zeigen vor allem die sehr knapp gehaltenen Ausführungen zum Schluss der Novelle. Der Schluss stamme noch aus der Zeit, »als sie [die Droste] noch, von ihrer Quel-

Polemik gegen die »Mörder-These«

1 Norbert Mecklenburg, *Der Fall Judenbuche. Revision eines Fehlurteils*, Bielefeld 2008, S. 46.

le abhängig, mit der Täterschaft Mergels operierte«[2]. Die Autorin habe diesen stehen gelassen, obwohl sie ihr Erzählkonzept zwischenzeitlich geändert habe, als »ironisch gestellte Falle« einer metaphysischen Deutung, in die dann ein »plumper Leser« »hineintappen«[3] könne. Allerdings schrieb die Droste am 11. Juli 1841 in einem Brief an Jenny von Laßberg: »Ich habe jetzt eine Erzählung fertig von dem Burschen im Paderbörnischen, der den Juden erschlug, von der Junkmann aber sagt, die Paderbörner würden mich auch totschlagen, wenn ich sie herausgäbe.« Es ist also klar, wie die Droste ihr Werk verstanden haben will. Im Gegensatz zu Mecklenburg waren ihr metaphysische Denkansätze keineswegs fremd.

Textdeutungen mit vorgefasster Meinung

Der Literaturwissenschaftler Konrad Schaum argumentierte schon 2004 in eine ähnliche Richtung, wertet den Text aber ebenfalls sehr häufig mit einer erkennbar vorgefassten Meinung aus. Im Folgenden soll nur ein Beispiel dafür angeführt werden, dass die Interpretation des Textes so konstruiert wird, dass sie eben zu der zu beweisenden These passt. So behauptet er, dass der Heimkehrer »zunächst schroff abgewiesen«[4] wird, »übersieht« aber, dass die Hausbewohner, eine arme kinderreiche Familie, offensichtlich Angst haben, als ein Unbekannter an die Tür klopft. Dann heißt es weiter, der Heimkehrer »muß sich mit

2 Ebd. S. 81.
3 Ebd. S. 82.
4 Konrad Schaum, *Ironie und Ethik in Annette von Droste-Hülshoffs ›Judenbuche‹*, Heidelberg 2004, S. 175.

dem Nötigsten, einem kargen Nachtlager aus Stroh, begnügen«[5]. Die Frau will ihm aber »eine gute Streu machen«, sie hat offensichtlich nichts anderes, und der Heimkehrer bedankt sich, »ich bin's wohl schlechter gewohnt«[6]. Es wird also eher Mitleid und Hilfsbereitschaft der Dorfbewohner herausgestellt. Bis ins 19. Jahrhundert war es für die breite Bevölkerungsschicht völlig normal, auf Stroh zu schlafen.

Auch nach hundert Jahren noch gelesen

Dass *Die Judenbuche* noch heute in hoher Auflage verkauft wird und in Schule und Wissenschaft noch immer eine große Rolle spielt, ließ einen Wunsch der Droste in Erfüllung gehen, den sie im Sommer 1843 in einem Brief an ihre Freundin Elise Rüdiger formulierte: »Ich mag und will jetzt nicht berühmt werden, aber nach hundert Jahren möchte ich gelesen werden«. Da sich *Die Judenbuche* einer klaren Interpretation entzieht und die zahlreichen Leerstellen unterschiedliche Deutungsmöglichkeiten offenlassen, wird sie auch in Zukunft Anlass zu wissenschaftlichen Auseinandersetzungen bieten.

5 Ebd. S. 176.
6 Ebd. S. 49.

9. Prüfungsaufgaben mit Lösungshinweisen

Aufgabe 1: Erschließen und Interpretation eines Textauszugs

Bei dieser Aufgabenform wird geprüft, ob jemand den Inhalt des Textes verstanden hat. Außerdem ist die genaue Auswertung des vorgegebenen Auszugs im Hinblick auf die Aufgabenstellung wichtig. Dabei sollten alle getroffenen Feststellungen belegt werden, entweder durch direkte Zitate oder bei längeren Passagen durch eine Zusammenfassung der entsprechenden Textpassage. Werden wichtige Textstellen bei der Bearbeitung übersehen, wirkt sich dies negativ auf die Bewertung aus.

Die inhaltliche Interpretation ist häufig mit einer Untersuchung der im Text verwendeten Sprache verbunden. Bei dieser Sprachanalyse geht es nicht in erster Linie darum, möglichst viele Sprachbeobachtungen einfach aufzuzählen. Wichtiger ist es, die Wirkung der sprachlichen Auffälligkeiten zu erklären und aus der Sprache etwas über die Charakterisierung einer Person abzuleiten oder die Sprache mit der Aussageabsicht des Autors in Verbindung zu bringen.

Arbeitsaufträge:

1. Untersuchen Sie die sozialen Verhältnisse und die Rechtsauffassung der Bevölkerung!
2. Analysieren Sie die Sprache des Novellenanfangs und die Erzählweise der Autorin!

Textgrundlage dieser Aufgabe sind die Seiten 3 bis 5 der Reclam-Ausgabe von »Friedrich Mergel, geboren ...« bis »ihrem Berufe nachzukommen«.

Lösungshinweise

Es muss bei der Bearbeitung der Aufgabe herausgestellt werden, dass zu Beginn der Novelle eine ständische Gesellschaft beschrieben wird, in der noch der Gutsbesitzer als Adeliger die »niedere Gerichtsbarkeit« (S. 4) ausübt. Dabei gehört zu seinen tradierten Privilegien auch das Verfügungsrecht über den Wald.

Dass nur dem Adeligen bestimmte Privilegien zustehen, dass z. B. nur er den Holzreichtum nutzen darf, wird jedoch von der Dorfbevölkerung nicht mehr akzeptiert. Deshalb sind »Holz- und Jagdfrevel ... an der Tagesordnung«, was auch von den Förstern des adeligen Herrn nicht verhindert werden konnte, wie am Schluss des Abschnitts geschildert wird.

Der Erzähler erklärt dies damit, dass »die Begriffe der Einwohner von Recht und Unrecht einigermaßen in Verwirrung geraten« seien und »sich neben dem gesetzlichen ein zweites Recht gebildet« (S. 3 f.) habe. Dieses Gewohnheitsrecht entspricht der Überzeugung der Einwohner, die es als gemeinsame Aufgabe sehen, das Holz im Wald zu nutzen, und sich einmütig gegen die Förster stellen, wie es von der Autorin anschaulich beschrieben wird.

Der Satzbau des ganzen Abschnitts ist durchgehend hypotaktisch, wirkt aber nie verschachtelt oder unübersichtlich. Die sprachliche Gestaltung mit dem nüchternen Stil passt zu der auktorialen Er-Erzählung und zu der Form des Erzählerberichts. Der Inhalt beschränkt sich auf das äußere Geschehen. Der Erzähler beobachtet und wertet, was vor allem deutlich wird, wenn der Umgang mit dem Recht dargestellt wird. Der trockene Berichtston wird nur bei der Beschreibung der nächtlichen Raubzüge und der Gegenmaßnahmen der Herrschaft verlassen.

Aufgabe 2: Aufgabenstellung mit kreativen Elementen

Arbeitsaufträge:

1. Ordnen Sie die Bilderfolge aus S. 93 in den Handlungszusammenhang ein und arbeiten Sie Unterschiede zur Textfassung heraus!
2. Suchen Sie nach Gründen, warum der Text vieles verschweigt, was in der bildlichen Darstellung vorkommt!

Lösungshinweise

Die Bilderfolge der Graphic Novel von Claudia Ahlering und Julian Voloj stellt dar, wie Friedrich, nachdem er bei der Hochzeit von Aaron öffentlich als Schuldner bloßgestellt worden war, im Brederholz dem Juden Aaron auflauert, ihn mit einem Stein erschlägt und dann unter der Buche liegen lässt.

Dagegen wird der Mord an Aaron in Drostes Text über-

Abb. 13: Einstiegsseite der Graphic Novel *Die Judenbuche* von Claudia Ahlering und Julian Voloj. – © 2017 Knesebeck GmbH & Co. Verlag KG, München

haupt nicht beschrieben. Nachdem er die Hochzeit verlassen hatte, ist Aaron verschwunden, wird von seiner Frau gesucht und schließlich unter der Buche gefunden. Das Geschehen kann nur aufgrund von Indizien rekonstruiert werden. Im Unterschied zur Bilderfolge wird ein Stab als Mordinstrument genannt.

Die Bilderfolge nutzt die Darstellung des Mordes als Einstieg in die Graphic Novel, um dann zu erklären, wie es zu dem Mordfall kam. In Drostes Text stellt der Mord dagegen eine von zahlreichen Leerstellen dar, die auch dazu dienen, die Spannung aufrechtzuerhalten. Wenn offenkundig wäre, wer den Mord an Aaron verübt hat, hätte die geheimnisvolle Schrift an der Buche, deren Bedeutung erst ganz am Ende enthüllt wird, erzähltechnisch kaum mehr eine Bedeutung. In Drostes Text soll aber gezeigt werden, dass eine höhere Gerechtigkeit bewirkt, dass der Frevel des Mordes gesühnt wird. Dieses Walten einer höheren Gerechtigkeit wird erst offenkundig, als nach dem Selbstmord Friedrichs seine wahre Identität enthüllt und der Inhalt des Spruchs übersetzt wird. Deswegen werden von der Autorin auch bewusst falsche Fährten gelegt, die die Möglichkeit in den Raum stellen, dass jemand anderes den Mord verübt hat und Friedrich unschuldig ist.

Aufgabe 3: Gedichtinterpretation mit literarischem Vergleich

Arbeitsaufträge:

1. Untersuchen Sie den inhaltlichen Aufbau der untenstehenden Ballade *Die Vergeltung* (1841) von Annette von Droste-Hülshoff!
2. Vergleichen Sie den Schluss des Gedichtes mit dem Schluss der *Judenbuche*!
3. Beurteilen Sie, ob der Passagier seine gerechte Strafe bekommen hat!

ANNETTE VON DROSTE-HÜLSHOFF
Die Vergeltung

I

Der Kapitän steht an der Spiere,
das Fernrohr in gebräunter Hand,
dem schwarzgelockten Passagiere
Hat er den Rücken zugewandt.
Nach einem Wolkenstreif in Sinnen
Die beiden wie zwei Pfeiler sehn,
Der Fremde spricht: »Was braut da drinnen?«
»Der Teufel«, brummt der Kapitän.

Da hebt von morschen Balkens Trümmer
Ein Kranker seine feuchte Stirn,
Des Äthers Blau, der See Geflimmer,
Ach, alles quält sein fiebernd Hirn!

Er lässt die Blicke, schwer und düster,
Entlängs dem harten Pfühle gehn,
Die eingegrabnen Worte liest er:
»Batavia. Fünfhundertzehn.«

Die Wolke steigt, zur Mittagsstunde
Das Schiff ächzt auf der Wellen Höhn,
Gezisch, Geheul aus wüstem Grunde,
Die Bohlen weichen mit Gestöhn.
»Jesus, Marie! wir sind verloren!«
Vom Mast geschleudert der Matros',
Ein dumpfer Krach in aller Ohren,
Und langsam löst der Bau sich los.

Noch liegt der Kranke am Verdecke,
Um seinen Balken fest geklemmt,
Da kommt die Flut, und eine Strecke
Wird er ins wüste Meer geschwemmt.
Was nicht geläng' der Kräfte Sporne,
Das leistet ihm der starre Krampf,
Und wie ein Narwal mit dem Horne
Schießt fort er durch der Wellen Dampf.

Wie lange so? – er weiß es nimmer,
Dann trifft ein Strahl des Auges Ball,
Und langsam schwimmt er mit der Trümmer
Auf ödem glitzerndem Kristall.
Das Schiff! – die Mannschaft! – sie versanken.
Doch nein, dort auf der Wasserbahn,
Dort sieht den Passagier er schwanken
In einer Kiste morschem Kahn.

Armsel'ge Lade! sie wird sinken,
Er strengt die heisre Stimme an:
»Nur grade! Freund, du drückst zur Linken!«
Und immer näher schwankt's heran,
Und immer näher treibt die Trümmer,
Wie ein verwehtes Möwennest;
»Courage!« ruft der kranke Schwimmer,
»Mich dünkt, ich sehe Land im West!«

Nun rühren sich der Fähren Ende,
Er sieht des fremden Auges Blitz,
Da plötzlich fühlt er starke Hände,
Fühlt wütend sich gezerrt vom Sitz.
»Barmherzigkeit, ich kann nicht kämpfen.«
Er klammert dort, er klemmt sich hier;
Ein heisrer Schrei, den Wellen dämpfen,
Am Balken schwimmt der Passagier.

Dann hat er kräftig sich geschwungen
Und schaukelt durch das öde Blau,
Er sieht das Land wie Dämmerungen
Enttauchen und zergehn in Grau.
Noch lange ist er so geschwommen,
Umflattert von der Möwe Schrei,
Dann hat ein Schiff ihn aufgenommen,
Viktoria! nun ist er frei!

II

Drei kurze Monde sind verronnen,
Und die Fregatte liegt am Strand,
Wo mittags sich die Robben sonnen,
Und Bursche klettern übern Rand,
Den Mädchen ist's ein Abenteuer,
Es zu erschaun vom fernen Riff,
Denn noch zerstört ist nicht geheuer
Das gräuliche Korsarenschiff.

Und vor der Stadt, da ist ein Waten,
Ein Wühlen durch das Kiesgeschrill,
Da die verrufenen Piraten
Ein jeder sterben sehen will.
Aus Strandgebälken, morsch, zertrümmert,
Hat man den Galgen, dicht am Meer,
In wüster Eile aufgezimmert.
Dort dräut er von der Düne her!

Welch ein Getümmel an den Schranken! –
»Da kömmt der Frei – der Hessel jetzt –
Da bringen sie den schwarzen Franken,
Der hat geleugnet bis zuletzt.«
»Schiffbrüchig sei er hergeschwommen«,
höhnt eine Alte: »Ei, wie kühn!
Doch keiner sprach zu seinem Frommen,
die ganze Bande gegen ihn.«

Der Passagier, am Galgen stehend,
Hohläugig, mit zerbrochnem Mut,
Zu jedem Räuber flüstert flehend:
»Was tat dir mein unschuldig Blut!
Barmherzigkeit! – so muss ich sterben
durch des Gesindels Lügenwort,
Oh, mög' die Seele euch verderben!«
Da zieht ihn schon der Scherge fort.

Er sieht die Menge wogend spalten –
Er hört das Summen im Gewühl –
Nun weiß er, dass des Himmels Walten
Nur seiner Pfaffen Gaukelspiel!
Und als er in des Hohnes Stolze
Will starren nach den Ätherhöhn,
Da liest er an des Galgens Holze:
»Batavia. Fünfhundertzehn.«

Annette von Droste-Hülshoff: Gedichte. Hrsg. von Bernd Kortländer. Stuttgart 2003. S. 97–100.

Worterläuterungen:
1 Spiere: Spier: Segelstange. • 14 Pfühle: Pfühl: dichterisch für Polster. • 16 Batavia. Fünfhundertzehn: Nicht der Schiffsname, sondern die Herkunftsangabe einer mittransportierten Partie Holz. • 31 Narwal: Wal mit einem auffälligen Stoßzahn. • 72 Korsarenschiff: Seeräuberschiff. • 80 dräut: droht • 82 der Frei – der Hessel: gemeint sind Stanus Frei und Damian Hesse, berüchtigte Räuber an der Wende von 18. zum

19. Jahrhundert. • 83 schwarzen Franken: gemeint ist Franzose. • 96 Scherge: Gerichtsdiener.

Lösungshinweise

Bei der Untersuchung des Aufbaus der Ballade wird der Text in Sinneinheiten unterteilt. Die ersten beiden Strophen beschreiben die Situation auf dem Piratenschiff und stellen mit dem Kapitän, dem Passagier und dem Fieberkranken drei wichtige Figuren vor. In den folgenden beiden Strophen wird dargestellt, dass das Schiff Schiffbruch erleidet und der Kranke an einem Balken festgeklammert im Meer treibt. In den letzten vier Strophen des ersten Teils begegnet der Kranke dem Passagier, der in seinem morschen Kahn kaum Überlebenschancen hat. Der Passagier wirft den Kranken ins Meer und rettet sich auf dessen Balken. Dann wird er von einem Piratenschiff an Bord genommen. Die letzte Sinneinheit umfasst den zweiten Teil der Ballade. Die Piraten werden gefangen genommen und sollen nun hingerichtet werden. Der Passagier wird ebenfalls für einen Piraten gehalten und abgeurteilt, weil keiner der Piraten aussagt, dass er eigentlich nicht zu ihnen gehört.

Sowohl in der Ballade *Die Vergeltung* als auch in der *Judenbuche* wird das Walten einer höheren Gerechtigkeit dargestellt. Friedrich Mergel konnte nach dem Mord an dem Juden Aaron der irdischen Gerechtigkeit entkommen, wird aber geradezu magisch an den Ort seines Verbrechens zurückgezogen, wo er sich selbst das Leben nimmt. Der Passagier, der den Kranken ins Meer gestoßen hat, braucht keine irdische Gerechtigkeit zu fürchten, weil es keinen Zeugen seiner Tat gibt. Er ist ein Mörder und wird mit dem Tod bestraft, allerdings nicht für seinen Mord, sondern für ein Verbrechen, das er gar nicht begangen hat. In beiden Fällen ist die Sühne für das Verbrechen eng mit einem Dingsymbol verbunden. In der *Judenbuche* ist es der Baum mit der geheimnisvollen Schrift, unter der der Jude Aaron erschlagen wurde. In *Die Vergeltung* ist es der Balken mit der Aufschrift »Batavia. Fünfhundertzehn«. Dieser Balken dient zuerst als Krankenlager, dann als Rettungsboot und wird dann der stumme Zeuge für den Mord. Am Ende wird er zum Galgen, an dem der Passagier hingerichtet wird. Dieser scheinbare Zufall soll unterstreichen, dass er für sein Verbrechen an dem Kranken den Tod verdient hat. Während Friedrich Mergel nicht gegen die höhere Gerechtigkeit rebelliert, hat der Passagier vor seinem Tod noch hochmütig »des Himmels Walten« und »seiner Pfaffen Gaukelspiel« verflucht.

Die Frage, ob der Passagier zu Recht hingerichtet wird, muss von der grundsätzlichen Problematik der Todesstrafe losgelöst diskutiert werden. Das Thema muss antithetisch angepackt werden. Einerseits muss deutlich werden, dass er als Pirat hingerichtet wird, obwohl er gar keiner war. Andererseits ist er ein Mörder, der dem Kranken die Barmherzigkeit verweigert hat, die er nun für sich selbst bei den mitverurteilten Piraten einfordert.

Aufgabe 4: Interpretationsaufgabe auf Grundlage eines Zitats

Arbeitsauftrag:
Alfred Adler, Begründer der Individualpsychologie, schrieb 1912 in seinem Buch *Über den nervösen Charakter*:

> »Form und Inhalt der neurotischen Leitlinie stammen aus den Eindrücken des Kindes, das sich zurückgesetzt fühlt. Diese Eindrücke, die sich aus einem ursprünglichen Gefühl der Minderwertigkeit mit Notwendigkeit herausheben, rufen eine Aggressionsstellung ins Leben, deren Zweck die Überwindung der Unsicherheit ist. In dieser Aggressionsstellung finden alle Versuche des Kindes ihren Platz, die eine Erhöhung seines Persönlichkeitsgefühls versprechen …«

Alfred Adler: Über den nervösen Charakter. Wiesbaden 1912. S. 53.

Weisen Sie nach, dass Friedrich Mergels Denken und Verhalten als eine Kompensation von Minderwertigkeit interpretiert werden kann! Belegen Sie Ihre Feststellungen am Text!

Lösungshinweise

Dass sich Friedrich als Kind zurückgesetzt fühlte, kann man mit den widrigen sozialen Verhältnissen, unter denen er aufwuchs, begründen. Außerdem kann man die unglückliche Ehe der Eltern sowie den frühen Tod des Vaters anführen. Gerade die Umstände seines Todes sowie sein Fortleben als »Gespenst des Brederholzes« (S. 11) verstärken dies noch. Friedrich wird als »äußerst empfindlich« (S. 11) gegen das Gefühl der Zurücksetzung durch andere beschrieben.

Die Beziehung mit Ohm Simon gibt ihm dann die Chance, aus der Außenseiterrolle herauszukommen, sein Persönlichkeitsgefühl zu erhöhen. Dass er von dem verdienten Geld »immer mehr auf sein Äußeres verwandte und allmählig anfing, es schwer zu verdauen, wenn Geldmangel ihn zwang, irgend Jemand im Dorf darin nachzustehen« (S. 21), zeigt sein Bemühen um Kompensation. Dazu passen auch sein Verhalten bei der Arbeit und unter der Dorfjugend, in der er sich einen »bedeutenden Ruf« (S. 21) sichert, und auch sein großspuriges Auftreten bei der Hochzeit.

Die Armut und die Außenseiterstellung sind damit aber nicht vergessen, sondern sind als ständige Bedrohung präsent, er kennt die »geheime Missbilligung«, die ihn »gleichsam immer unter Waffen« (S. 35) leben lässt. Sie wird auch in dem Gespräch mit dem Förster Brandis deutlich, als der sich im Zorn zu Beleidigungen hinreißen lässt.

Besonders auffällig bei Friedrich ist die bei Adler hervorgehobene ständige »Aggressionsstellung«. Bei Spötteleien über den Vater »heulte er, schlug um sich, stach auch einmal mit seinem Messerchen« (S. 11). Als Jugendlicher verschaffte er sich »durch ein paar derbe Zurechtweisungen mit der Faust Ruhe« (S. 22). Beim Gespräch mit

Brandis griff er »krampfhaft nach einem Aste« (S. 25), kann sich aber zügeln. Danach wird er als »oft roh« (S. 35) und unberechenbar beschrieben. Höhepunkt der Aggressionshaltung ist schließlich der Mord am Juden Aaron.

Aufgabe 5: Verfassen eines informativen Textes

Arbeitsauftrag:
Verfassen Sie für einen Sammelband zur *Judenbuche* einen informativen Text über die Darstellung der Juden in der Novelle! Beziehen Sie dabei die untenstehenden Materialien mit ein!

Material 1:
Tobias Jaecker: Jüdisches Leben in Mitteleuropa am Ende des 18. Jh.

»Die Juden lebten bis ins späte 18. Jahrhundert überall mehr oder weniger abgesondert von der übrigen Bevölkerung. Sie standen unter der rechtlichen Aufsicht ihrer eigenen rabbinischen Gerichte und unterschieden sich durch ihre Sprache (das ›Jiddische‹ oder ›Jüdisch-Deutsche‹), ihre Kleidung und ihre religiösen Gebräuche und Familientraditionen deutlich vom Rest der Bevölkerung. Sie mussten zwar im späten 18. Jahrhundert nur noch selten in Ghettos leben, pflegten aber in ›Judenhäusern‹ oder ›Judengassen‹ in der Nähe der Synagoge zusammen zu wohnen und bildeten so oft eine räumlich abgeschlossene Gruppe. Zwar waren offene Verfolgungen zu dieser Zeit selten, doch erlebten die Juden täglich Erniedrigungen und litten unter einer Vielzahl von Einschränkungen. ›Judenordnungen‹ und Sondergesetze zwangen die Juden, Sonderabgaben aller Art, Schutzgelder und ›Leibzoll‹ für Menschen, Vieh und Handelsgüter zu zahlen. Sie mussten für das Recht zahlen, ihren Beruf auszuüben, für Heiratserlaubnisse und für Aufenthaltsgenehmigungen. Auch die jüdischen Gemeinden wurden mit speziellen Steuern belastet. Unter diesen Bedingungen bildeten die Juden eine Randgruppe. Ihre Ausgrenzung wurde noch verstärkt durch ihre materielle Notlage. Nur ein Viertel bis ein Drittel der jüdischen Bevölkerung im deutschsprachigen Raum lebte am Ende des 18. Jahrhunderts in relativ wohlhabenden Umständen. Als »reich« können höchstens zwei Prozent der Juden bezeichnet werden. Dagegen lebten mindestens zwei Drittel in ungesicherten ökonomischen Verhältnissen, wenn nicht gar in Armut.

Über die jüdische Berufsstruktur lassen sich nur unzureichende Aussagen treffen. Die meisten Berufsfelder waren ihnen durch den Ausschluss aus den Berufs-Innungen und -Gilden verwehrt. Unter den von Juden ausgeübten Tätigkeiten dominierte der Handel, vor allem der Trödel- und Hausierhandel.«

Tobias Jaecker: Judenemanzipation und Antisemitismus im 19. Jahrhundert. www.jaecker.com/2002/03/judenemanzipation-und-antisemitismus-im-19-jahrhundert/ (Stand: 30.1.2018). – © mit Genehmigung von Tobias Jaecker

Material 2:
Juden in Westfalen

»Die jüdischen Gemeinden wurden 1350 mit einem Schlag vernichtet, als die Juden für den Ausbruch der Pest verantwortlich gemacht, vertrieben und ermordet wurden. Damit bricht die jüdische Siedlungstätigkeit auch im westfälischen Raum ab. Die Jahrhunderte zwischen der Pestzeit und dem Dreißigjährigen Krieg bilden den Tiefpunkt jüdischer Geschichte in ganz Mitteleuropa. Ohne Grundbesitz, ohne Bürgerrechte, meist nur kurzfristig geduldet, Ausbeutungs- und Streitobjekt zwischen Kaiser, Fürsten und Städten, lebten die Juden fast ausschließlich von dem risikoreichen und verachteten Geldverleih, dem Viehhandel und dem Trödelhandel. Schutzbriefe einzelner Landesherren und die Nützlichkeit als Hofjuden gewährten manchen von ihnen eine begrenzte Sicherheit.«

Projekt »Jüdisches Leben in Europa jenseits der Metropolen«. www.joods-leven.net/judentum_in_der_region/index.php?id_judentum_in_der_region=2 (Stand: 30. 1. 2018). –

Material 3:
Judenemanzipation in Österreich

In Österreich hatte Kaiser Joseph II. den Juden in einem sogenannten Toleranzpatent schon 1782 die freie Religionsausübung zugesichert:

»Da Wir die jüdische Nation hauptsächlich durch besseren Unterricht und Aufklärung ihrer Jugend und durch

Hinwendung auf Wissenschaften, Künste und Handwerke dem Staate nützlicher und brauchbarer zu machen, zum Ziele nehmen, so erlauben und befehlen Wir gnädigst den tolerierten Juden in jenen Orten, wo sie keine eigenen deutschen Schulen haben, ihre Kinder in die christlichen aufzunehmen. [...] Zur Erleichterung ihres künftigen Unterhalts und Vorbereitung der nötigen Erwerbswege gestatten Wir ihnen gnädigst, dass sie von nun an alle Gattungen von Handwerken und Gewerben [...] bei christlichen Meistern [...] erlernen [...] können. Wir verleihen weiter hiermit der jüdischen Nation die allgemeine Befugnis, alle Gattungen von Gewerben, jedoch ohne Bürger- und Meisterrechte, wovon sie ausgeschlossen bleiben, [...] auf freie Hand treiben zu können [...]. Durch gegenwärtige Verordnung kommen Wir von der bisherigen Beschränkung auf bestimmte Judenhäuser ab und erlauben den tolerierten Juden eigene Wohnungen sowohl in der Stadt als in den Vorstädten [...] zu mieten. Nicht minder heben Wir die von fremden Juden entrichtete Leibmaut gänzlich auf. [...] Überhaupt alle bisher gewöhnlichen Unterscheidungen, wie das Tragen der Bärte, das Verbot, an Sonn- und Feiertagen vor zwölf nicht auszugehen, öffentliche Belustigungsorte zu besuchen und dergleichen, aufgehoben sind.«

Lösungshinweise

Folgende Aspekte sollten in der Ausführung vorkommen:

- Die Juden in Drostes Novelle leben abgesondert von der restlichen Bevölkerung. Es gibt keine Verfolgung, aber Vorurteile. Diese Vorurteile werden den Kindern von klein auf beigebracht. Margreth nennt alle Juden »Schelme« (S. 10).
- Der Jude Aaron lebt vom Handel, er ist offenkundig Trödler und hat Schwierigkeiten, die Bezahlung für die gelieferten Waren einzutreiben. Die soziale Stellung und das Einkommen scheinen ungesichert. Der kleine Friedrich berichtet nämlich der Mutter, dass Hülsmeyer »den Aaron geprügelt und ihm sechs Groschen genommen« hat, was von der Mutter dann gerechtfertigt wird: »Hat er dem Aaron Geld genommen, so hat ihn der verfluchte Jude gewiss zuvor darum betrogen« (S. 10).
- Die realen Vorurteile gegenüber den Juden spiegeln sich ebenfalls in der Novelle wider. Bei der Szene auf der Hochzeit ruft es aus der Menge: »Packt den Juden! wiegt ihn gegen ein Schwein!« (S. 39). Einer der Juden wird »Wucherjoel« (S. 45) genannt, ein anderer »Lumpenmoises« (S. 47). Als dieser sich das Leben nimmt, spricht der Gutsherr abschätzig vom »Hund von einem Juden« (S. 47). Auch die Formulierung »die Judenfrau tröstete sich am Ende und nahm einen andern Mann« (S. 46) klingt wenig respektvoll.
- Die Juden einer Gegend bilden eine Gemeinschaft, die vom Rabbiner angeführt wird und sich gegenseitig

stützt und trägt. Sie trauern intensiv mit der Witwe und setzen alles daran, dass der Mörder gefunden wird: »Das Haus der Witwe ward nie leer von Jammernden und Ratenden« (S. 45). Als die gerichtliche Untersuchung des Mordes ergebnislos abgeschlossen wird, legen sie zusammen, um die Judenbuche zu kaufen.

- Die Verhältnisse werden so dargestellt, wie sie im 18. Jahrhundert üblich waren. Die Judenemanzipation, die im Zeitalter der Aufklärung ihren Anfang nahm und seit 1812 auch für Westfalen galt, spielt in der Novelle noch keine Rolle. Die Droste beschreibt also nicht die Verhältnisse ihrer Zeit, sondern schildert die Situation der Juden so, wie sie zur Zeit des realen Geschehens gewesen ist.

10. Literaturhinweise/Medienempfehlungen

Zur Droste und speziell zur *Judenbuche* gibt es eine Fülle von Forschungs- und Sekundärliteratur, die teilweise nur für Spezialisten und Wissenschaftler interessant ist. Eine Auswahl für Schüler kann nur einen kleinen Teil aus dem großen Angebot herausgreifen.

Zur *Judenbuche*

Textausgabe

Annette von Droste-Hülshoff: *Die Judenbuche.* Hrsg. von Yomb May. Stuttgart: Reclam, 2016 [u. ö.]. (Reclam XL. Text und Kontext, 19162.). – *Nach dieser Ausgabe wird zitiert.*

Die Judenbuche als Hörbuch

Wer sich Drostes Novelle anhören möchte, kann unter vielen Hörbuch-Alternativen wählen, denn *Die Judenbuche* gibt es vorgetragen von Angelica Domröse, Sabine Falkenberg, Sven Görtz, Verena von Kerssenbrock, Rainer Schepper, Tanja Seibt, Brigitte Trübenbach und Gert Westphal.

Neben preisgünstigen Hörbüchern gibt es noch kostenlose Angebote bei YouTube und bei Streaming-Diensten.

Zur vertieften Beschäftigung mit dem Werk

Gehse, Harro: Die Judenbuche. Analysen und Reflexionen. Hollfeld 2006.

Huge, Walter: Erläuterungen und Dokumente: *Die Judenbuche.* Stuttgart 1979.

Mecklenburg, Norbert: Der Fall Judenbuche. Revision eines Fehlurteils. Bielefeld 2008.

Moritz, Karl Philipp: Droste-Hülshoff. Die Judenbuche. Sittengemälde und Kriminalnovelle. Paderborn 1980.

Rölleke, Heinz: Annette von Droste-Hülshoff: *Die Judenbuche.* Oldenbourg-Interpretationen. München 1997.

Schaum, Konrad: Ironie und Ethik in Annette von Droste-Hülshoffs Judenbuche. Heidelberg 2004.

Woyte, Oswald: *Die Judenbuche.* Königs Erläuterungen und Materialien. Hollfeld [o. J.].

Zum historischen Hintergrund der Novelle

Krus, Horst-D.: Mordsache Soistmann Berend. Zum historischen Hintergrund der Novelle *Die Judenbuche* von Annette von Droste-Hülshoff. Münster 1990. [Das Buch wendet sich an »Literaturliebhaber, die sich Hintergrundinformationen verschaffen wollen, als auch die Wissenschaftler, die eine sachliche Darstellung und genaue Quellenangaben erwarten«. Es wurde alles zusammengetragen, was man über den Mordfall und die beteiligten Personen in Erfahrung bringen konnte.]

Zu Annette von Droste-Hülshoff

Zur Biographie

Beuys, Barbara: Blamieren mag ich mich nicht. Das Leben der Annette von Droste-Hülshoff. München 1999.

Gaier, Ulrich: Annette von Droste-Hülshoff und ihre literarische Welt am Bodensee. Sonderheft der Droste-Gedenkstätten 1993.

Gödden, Walter / Jochen Grywatsch: »Ich, Feder, Tinte und Papier«. Ein Blick in die Schreibwerkstatt der Annette von Droste-Hülshoff. Paderborn [u. a.] 1997. [Das Buch gibt einen Einblick in den Schreibprozess und enthält auch veranschaulichende Abbildungen.]

Heselhaus, Clemens: Annette von Droste-Hülshoff. Werk und Leben. Düsseldorf 1971.

Lavater-Sloman, Mary: Einsamkeit. Das Leben der Annette von Droste-Hülshoff. München 1981.

Schelschmidt, Gustav: Allein mit meinem Zauberwort. Düsseldorf 1990.

Zur Bedeutung der Droste

Gödden, Walter / Sarah Kirsch (Hrsg.): Dichterschwestern. Prosa zeitgenössischer Autorinnen über A. von Droste-Hülshoff. Paderborn [u. a.] 1993.

Vertonungen der *Judenbuche*

Zu einem Libretto von Peter Schütze schrieb Walter Steffens die vieraktige Oper *Die Judenbuche*, sie wurde 1993 in Dortmund uraufgeführt und dann noch einmal in Gelsenkirchen gezeigt.

Das Jugendorchester Havixbeck aus dem Münsterland beauftragte den Komponisten Marco Pütz 2006 mit einer Vertonung. Dieses Stück für Blasorchester wurde am 2. September 2006 uraufgeführt.

Die Judenbuche als Comic

Julian Voloy / Claudia Ahlering: Die Judenbuche. Nach Annette von Droste-Hülshoff. München 2017. [Die sehr schön gestaltete Graphic Novel gibt die Handlung interpretierend wieder, lehnt sich in der Formulierung oft an den Originaltext an und füllt auch einige Leerstellen der Novelle. So wird z. B. erklärt, wie Friedrich zu seiner Narbe gekommen ist. Die Zeichnungen sind eher etwas düster gehalten und beweisen viel Liebe zum Detail. Die Autoren zeigen dabei auch Humor. Unter den Hochzeitsgästen sieht man die Droste am Ehrentisch sitzen.]

Die Judenbuche als Film

Die Judenbuche wurde 1980 unter der Regie von Rainer Horbelt als »Historienkriminaldrama« verfilmt und im Fernsehen gezeigt. Daneben gibt es im Internet zahlreiche Kurzfilme, die die Handlung mehr oder weniger kreativ erzählen oder als Schulprojekt filmisch umgesetzt haben.

Wichtige Adressen im Internet

www.droste-gesellschaft.de [Die Annette von Droste-Gesellschaft will das Gedächtnis an Annette von Droste-Hülshoff lebendig erhalten und führt deswegen regelmäßig Veranstaltungen durch und fördert die wissenschaftliche Forschung und den Erhalt der Droste-Gedenkstätten.]

www.lwl.org/LWL/Kultur/Droste [Das Droste-Portal ist ein Projekt der Literaturkommission für Westfalen und dokumentiert und fördert alle Aktivitäten rund um Annette von Droste-Hülshoff.]

Die Judenbuche als touristische Attraktion

Die Droste-Gedenkstätten, d. h. die Orte, wo sie gewohnt hat, nämlich Burg Hülshoff, das Rüschhaus und Burg Meersburg, werden schon längere Zeit touristisch vermarktet. Inzwischen wurde auch *Die Judenbuche* als Attraktion entdeckt. Die »Deutschen Literaturlandschaften« schlagen beispielsweise »Ein Wochenende auf den Spuren der Droste-Novelle« vor. Der Weg von 25 Kilometern Länge beginnt in Bellersen, in der Novelle Dorf B. genannt, wo im früheren Wohnhaus des Hermann Winkelhannes noch immer weitläufige Verwandtschaft des einst geflohenen Judenmörders wohnt. Der Weg, der alle

Stätten ansteuert, die in der Novelle eine Rolle spielen, führt auch am Tatort vorbei. Die Judenbuche existiert allerdings nicht mehr. Sie wurde zwei Jahre nach der Rückkehr des aus der Sklaverei heimgekehrten Täters gefällt.

11. Zentrale Begriffe und Definitionen

Auktoriales Erzählverhalten: Der Erzähler vermittelt dem Leser das Gefühl, als sei er allwissend und könne sich in das Innere aller Figuren hineinversetzen und schildern, was sie denken und fühlen. Er kennt gegenwärtige, vergangene und manchmal sogar zukünftige Ereignisse, er redet den Leser bisweilen direkt an und fügt Überlegungen und Kommentare ein.

➤ S. 33, 36–38, 40

Ballade: Als Ballade bezeichnet man ein Gedicht, das eine abgeschlossene Handlung erzählt und einen erkennbaren zeitlichen Ablauf aufweist. Balladen sind oft in Einzelszenen gegliedert, und es ist meist möglich, eine Ballade in eine Erzählung umzuformen, wenn man die eventuellen Sprünge zwischen den einzelnen Szenen erzählerisch überbrückt.

➤ S. 7, 60

Bericht: Beim Bericht handelt es sich um eine sachliche Darstellungsform, die alles Ausschmückende und Schildernde vermeidet. Stattdessen sollen Informationen über ein Ereignis vermittelt werden. Typisch ist, dass der Bericht Antwort auf die W-Fragen (wer? wann? wo? was? wie? warum?) geben will.

➤ S. 41 f., 47 f.

Beschreibung: Als Beschreibung bezeichnet man die Darstellung von Vorgängen, Personen, Gegenständen oder Bildern, der es auf sachliche Korrektheit ankommt. Subjektive Elemente werden dabei im Gegensatz zur Schilderung bewusst vermieden.

➤ S. 33, 38, 41, 79

Biedermeier: Biedermeier umfasst etwa die Zeit vom Wiener Kongress (1815) bis zur bürgerlichen Revolution von 1848. Der Begriff ist allerdings nicht nur eine Epochenbezeichnung für die unpolitischen Werke der ersten Hälfte des 19. Jahrhunderts und die Wertewelt des Bürgertums in der Zeit der Restauration der fürstlichen Macht nach den Umwälzungen durch Napoleon. Auch die Mode, der Einrichtungsstil, die Landschaftsmalerei dieser Zeit sowie die Vorliebe für Hausmusik zu Klavierbegleitung werden als biedermeierlich bezeichnet.

➤ S. 7, 43, 77–79

Detektivgeschichte: Die Detektivgeschichte beginnt mit dem Verbrechen und stellt die Aufklärung des Verbrechens in den Mittelpunkt. Von zentraler Bedeutung ist die Person des Detektivs, der sich um die Aufklärung des Geschehens und die Überführung des Täters bemüht.

➤ S. 43–45

Dingsymbol: Als Dingsymbol bezeichnet man Gegenstände, Tiere oder Pflanzen, die immer wieder an Schlüsselstellen des Geschehens auftauchen. Dingsymbole kommen vor allem in Novellen und Balladen vor. Sie sollen Sinnzusammenhänge verdeutlichen und haben manchmal auch symbolische Bedeutung.

➤ S. 32, 45

Dorfgeschichte: Der Begriff der Dorfgeschichte wird eng mit Berthold Auerbach (1812–1882) verbunden. In seinen *Schwarzwälder Dorfgeschichten* wird das bäuerliche Leben realistisch beschrieben, aber zugleich auch idealisiert. Auch die Werke von Jeremias Gotthelf (1797–1854) werden oft den Dorfgeschichten zugerechnet. Für Gotthelf ist das Dorf das Refugium edler Menschen und der Garant natürlicher Sittlichkeit. Typisch für ihn ist die Sehnsucht nach einem einfachen Leben. Seine Romane und Erzählungen haben oft eine lehrhafte Absicht.

➤ S. 83

Er/Sie-Erzählung: Bei der Er/Sie-Form des Erzählens ist die Erzählerfigur Beobachter und nicht Teil des Geschehens. Beim Erzählen wird der Eindruck erweckt, dass auf vergangene Ereignisse zurückgeblickt wird.

➤ S. 33, 35

Erzählerbericht: Typisch für den Erzählerbericht ist das zusammenfassende, meist chronologische Wiedergeben von Ereignissen. Häufig wird damit die Vorgeschichte erläutert, oder es werden ausführlich erzählte Handlungsteile miteinander verbunden.

➤ S. 33–37, 39 f.

Erzählerrede: Der Erzähler berichtet vom Geschehen, von den Gedanken und Gefühlen der beteiligten Figuren, ohne zusammenzufassen. Die Erzählerrede wirkt also eher beschreibend, erklärend und schildernd und ist näher am Geschehen als der distanzierter wirkende Erzählerbericht.

➤ S. 35 f.

Erzählung: Erzählung wird als übergeordneter Begriff für epische Texte verwendet, kann aber auch für einen längeren fiktiven Text stehen, der zwar nicht den Umfang und die thematische Breite eines Romans erreicht, aber doch einen wichtigen Lebensabschnitt der dargestellten Personen ausführlich erzählt.

➤ S. 32, 41 f., 44, 54, 88

Erzählzeit / erzählte Zeit: Der Begriff Erzählzeit steht für die Zeit, die man zum Vorlesen eines epischen Werks braucht oder die man benötigt, um sich ein Hörbuch anzuhören. Die Dauer der Handlung in dem epischen Werk wird als erzählte Zeit bezeichnet.

➤ S. 11, 42

Innenperspektive: Die Innenperspektive oder innere Handlung gibt Informationen über die Gedanken und Gefühle der Personen im Text, in die der Erzähler hineinsehen kann.

➤ S. 35, 37

Kriminalgeschichte: Die Kriminalgeschichte befasst sich mit einem Verbrechen und untersucht dabei vor allem die Hintergründe und die seelischen Vorgänge, die zu der Tat geführt haben. Die Aufklärung des Verbrechens steht nicht im Mittelpunkt, denn oft ist der Täter dem Leser bekannt.

➤ S. 44, 52

Kulturkampf: Unter Kulturkampf versteht man den Konflikt zwischen dem protestantisch geprägten deutschen Kaiserreich und der katholischen Kirche, nachdem das Erste Vatikanische Konzil die Unfehlbarkeit des Papstes als Dogma festgeschrieben hatte. Reichskanzler Bismarck war nicht bereit, die »Altkatholiken«, die das Dogma nicht anerkannten, aus dem Staatsdienst zu entfernen. Als der hart ausgetragene Konflikt nach knapp 20 Jahren beigelegt war, hatte die Kirche an Einfluss verloren. Die Schulen unterstanden nun der staatlichen Aufsicht, Ehen mussten im Standesamt geschlossen werden.

➤ S. 84

Leerstelle: Alles, was der Autor unausgesprochen lässt und was den Leser zugleich interessieren könnte, nennt man eine Leerstelle, z. B. das weitere Schicksal einer Person, die aus der Handlung verschwindet.

➤ S. 89, 94, 113

Milieustudie: Die Milieustudie will anhand der sozialen Umgebung die Persönlichkeitsentwicklung eines Menschen erklären.

➤ S. 12, 32, 43

Motiv: Wenn bestimmte Eigenschaften oder Handlungsweisen von Personen, wenn bestimmte Orte oder Gegenstände immer wieder auftauchen und dies für die Handlung und für das Verständnis des Geschehens von Bedeutung ist, spricht man von einem literarischen Motiv. Der Begriff Motiv kann auch in der Bedeutung eines Beweggrunds für das Handeln von Personen gebraucht werden.

➤ S. 20, 44, 47 f., 60, 63, 79 f., 87

Novelle: Unter Novelle versteht man eine Erzählung, die ein entscheidendes Ereignis im Leben eines Menschen beleuchtet. Die Novelle beschränkt sich auf das Wesentliche und kommt ziemlich schnell zum Höhepunkt, d. h. zum entscheidenden, meist unerwarteten Ereignis, das das Leben des Helden grundlegend ändert. Typisch für die Novelle ist das Dingsymbol, das an entscheidenden Stellen der Geschichte immer wieder auftaucht.

➤ S. 7, 43, 45, 84

Poetischer Realismus: Der poetische Realismus, auch bürgerlicher Realismus genannt, ist die vorherrschende literarische Strömung der zweiten Hälfte des 19. Jahrhunderts. Die fassbare Welt soll möglichst unparteiisch geschildert werden, ohne das Augenmerk zu sehr auf die hässlichen Seiten der Welt zu lenken. Die Novellen und Romane dieser Zeit zeigen oft den Menschen im Alltag und spiegeln die Erlebniswelt und die Werte des Bürgertums wider. Obwohl neben der psychologischen Darstellung der Humor in den Werken oft eine große Rolle spielt, erscheint die Weltsicht der Autoren häufig pessimistisch und resignativ.

➤ S. 79 f.

Prolog: Ein Prolog ist eine kurze Vorrede, ein Vorspann, der dem Werk vorangestellt wird, um auf bestimmte Aspekte hinzuweisen, die dem Autor besonders wichtig sind.

➤ S. 32

Rückblende: Von einer Rückblende spricht man immer dann, wenn aus der Erzählgegenwart auf vergangene Geschehnisse zurückgeblickt wird.

➤ S. 37, 39 f.

Sittengemälde: Ein Sittengemälde schildert die Lebensformen, Sitten und Gebräuche eines Volkes oder einer Bevölkerungsgruppe und der landschaftlichen Umgebung in einer bestimmten Zeitepoche.

➤ S. 111

Ständegesellschaft: Unter Ständen versteht man gesellschaftliche Großgruppen, die sich im Mittelalter herausgebildet haben und sich jeweils in ihrer Rechtsstellung, ihrer Einkommensart, ihrer politischen Stellung, ihrer Lebensführung und Kleidung und in ihrem sozialen Ansehen unterscheiden. An der Spitze der Ständegesellschaft standen Klerus und Adel, außerdem werden Bürger, Bauern sowie unterständische und außerständische Gruppen unterschieden. Die Zugehörigkeit zu einem Stand hing von der Geburt ab und galt als von Gott gewollt. Die Ständegesellschaft kannte bis zum 17. Jahrhundert kaum soziale Mobilität. Ehen wurden innerhalb eines Standes geschlossen.

➤ S. 78

Symbol: Ein mehr abstraktes sprachliches Bild nennt man Symbol. Ziel des Symbols ist also weniger die Veranschaulichung. Ein Symbol ist ein Gegenstand oder ein Zeichen, das eine übergeordnete Idee oder Vorstellung repräsentiert. Ein Symbol kann auch zum Erkennungszeichen für so eine Vorstellung oder Denkweise werden.

➤ S. 60, 64, 66, 71, 79, 86

Szenisch-dialogische Darstellung: Bei dieser Darstellungsweise dominiert die Figurenrede, die Handlung wird nur kurz skizziert, der Erzähler tritt weit zurück. Szenische Darstellungen in epischen Texten könnte man ohne große Änderung auf die Bühne bringen oder in einen Film umsetzen.

➤ S. 34–36, 38, 42

Volksschriftsteller: Als Volksschriftsteller bezeichnet man populäre Autoren, die von breiten Volksschichten gern gelesen werden und hohe Auflagen erreichen. In Wissenschaft und anspruchsvoller Literaturkritik wird der Begriff manchmal auch abwertend gebraucht.

➤ S. 84

Vorausdeutung: Von einer Vorausdeutung spricht man immer dann, wenn aus der Erzählgegenwart heraus zukünftige Geschehnisse angedeutet oder vorweggenommen werden. Vorausdeutungen werden auch verwendet, um das künftige Schicksal von Personen zu erzählen, die im eigentlichen Gang der Handlung von nun an keine Rolle mehr spielen.

➤ S. 67 f.

Zeitdeckung: Für szenisch-dialogische Darstellungen ist es kennzeichnend, dass man für das Erzählen des Geschehens (Erzählzeit) etwa genauso lange braucht, wie das Geschehen in Anspruch nimmt (erzählte Zeit).

➤ S. 35

Zeitraffung: Wird in wenigen Sätzen das Geschehen einer langen Zeit zusammengefasst, spricht man von Zeitraffung. Um Zeiträume zu überbrücken, in denen wenig geschieht oder die für die erzählte Handlung unwichtig sind, wird durch Zeitangaben nur verdeutlicht, wie viel Zeit vergangen ist, ohne genauer auf diese Zeitspanne einzugehen.

➤ S. 34, 40, 42